*Es geht um Nichts
und darin um Alles*

Rameshwara Ronny Hiess

Alchemie des SEINs

Paradox der Befreiung

Bibliografische Information der Deutschen Nationalbibliothek: Die Deutsche Nationalbibliothek verzeichnet diese Publikation in der Deutschen Nationalbibliografie; detaillierte bibliografische Daten sind im Internet über http://dnb.dnb.de abrufbar.

Verlag: BoD · Books on Demand GmbH,
In de Tarpen 42, 22848 Norderstedt,
bod@bod.de
Druck: Libri Plureos GmbH,
Friedensallee 273, 22763 Hamburg

ISBN: 978-3-7693-5625-0

Inhaltsverzeichnis

Vorwort

Welch ein Geschenk...

2011-2012 war ich Teilnehmerin an einigen Satsangs, Intensives bei Ronny in Marburg. Umzug, Lebensumstände änderten sich... Mitte Dezember 2024 war es dann soweit, erneut bei einem Wochenend-Intensive in Kassel dabei zu sein. Genährt, weit und ziemlich unabhängig kam ich zuhause wieder an. Sein Buch „Nondualität" von 2017 fiel mir in die Hände und schlug ein.
Hat er dieses für mich geschrieben?
Seit ein paar Jahren hat sich bei mir einiges von allein geändert. Es ist so viel weggefallen! Ein Praktizieren „muss" sein.
Anfang Januar fragte Ronny mich nach diesem Lektorat. Ja, ich trau mich.
Freude und Dankbarkeit gibt es für die intensive Arbeit mit diesen Türöffnern.
Für (m)ein „normal" konditioniertes Verständnis könnte seine advaitische Lehre der Einheit von Allem ein harter Brocken sein. Wäre da nicht auch eine Instanz in mir,

die die klugen intellektuellen,
philosophischen, religiösen...
Lebenserklärungen hinterfragt und nicht mehr
wirklich für voll nehmen kann und auf eine
Führung, ja aus dem eigenen Inneren heraus,
inzwischen richtig vertraut. Gedanken und
Gefühle können oft als Agieren eines
Mentalkörpers entlarvt werden.

Wenn ich das so sagen darf:
Im Ernst-nehmen der allzu menschlichen
Situationen der Fragestellenden wird von
Ronny die „Person" mit ihren geglaubten
Vorstellungen transparent gemacht.
Übrig bleibt die Situation als Teil der
jeweiligen Lebensumstände ohne ein Problem
zu sein, Leben halt. Undramatisch wird
das Drama entblößt. Mit entspannter
Selbstverständlichkeit kann Ronny auch die
eingebranntesten mentalen Konzepte und
Identifikationen bröckeln und wegbrechen
lassen.

Liebe Leserin, lieber Leser!
Zieh dich warm an! Das Buch wirkt!
Oder besser: Mach dich nackig. So richtig.
An deinem Herzen. Dass die Worte da hinein
fallen können, wo sie eigentlich auch
herkommen.

„Welch ein Geschenk, überhaupt diesen
„Weg" gehen zu dürfen, aus dem Rad von
Dummheit, Gier und Angst aussteigen zu
dürfen." Dank an Karim. Von ihm ist das
Zitat.

Für die Darlegungen dieses Buches und die
Arbeit, Lektorat und Transkript eines Live-
Satsangs machen zu dürfen, hab' ich Ronny
gefühlt 50mal danke gesagt. Das ist einfach
gerade da. Dankbarkeit singt.

Doris Baum

Görlitz, Februar 2025

Einleitung

Facetten von Vollständigkeit die in sich Vollständigkeit sind

Das Leben, wie es sich lebt, ist nicht eindimensional. Bewusstsein tanzt mit sich und ist in allem das was es ist. Und ist genau DAS was es ist. So ist dies hier eine Einladung, am PUNKT zu bleiben und mit dem Leben im Tanz zu Sein, so wie es sich lebt.

In diesem Buch fließen wesentlichste Texte von 2018 bis Jetzt zusammen. Im Bezug zu Pro-zessen, die sich zeigten, wurde sichtbar, was da ist, in direkter Einsicht und der frischen Erkenntnis, zu Sein was-ich-bin. Es ist eine Einladung, sich von der Freiheit Selbst erfassen zu lassen. Das zu Sein, was unentwegt über sich selbst meditiert. Eine Einladung, das zu sein was du bist. Befreiung ist ein alchemistisches Geschehen, dem wir uns anvertrauen und hingeben können.

Das unmittelbare Erleben - in dem kein
Abstand zu uns Selbst ist - ist ein direkter
Schlüssel der Befreiung. Freiheit findet sich
im Wesen des eigenen Seins.

Das Paradoxe ist, Freiheit können wir nicht
erreichen, weil Freiheit das ist was wir sind.
So geht es mehr darum, gehen zu lassen,
was du nicht bist, und zu Dies zu Sein was
du bist - genau so, wie du bist. Darin
entfaltet sich die Freiheit des eigenen Seins,
auf Seine Weise. Diese Freiheit in ihrer
Einzigartigkeit zu ehren, gibt uns Raum,
über die Erfahrungen und die geglaubte Form
hinauszuwachsen und uns umfänglicher
zu erfassen, was wir in unserem Wesen,
in unserer Wahren Natur sind.

Mögen die Worte
hier Einladung sein,
dich dir zu widmen, und
DAS zu Sein, was-du-bist.

Rameshwara Ronny Hiess

Kassel, Februar 2025

Kapitel 1

Leben ist in Bewegung nur DAS Selbst ist

Kein Suchen

Ein Wesen, das sich in seinem Sein wirklich
spürt, kann seine Quelle nicht nicht suchen.
Diese Suche ist kein Suchen im
herkömmlichen Sinne.

Es ist das Anhalten im eigenen DaSein,
in der beständigen Kontemplation,
zu SEIN was du bist.

Immer wieder geschieht ein Abstreifen
und gehen lassen was man nicht ist,
all der falschen Vorstellungen über sich
Selbst, die Anderen und die Welt,
und ein sich erfassen lassen,
was in sich unbewegt,
liebend, still und lebendig
DAS eigene Selbst ist.

Hierin erfasst es sich.

Befreiung

Dies hier ist die radikale Befreiung von jeglichen Vorstellungen über das Leben und Dich Selbst. Es ist das Ende vom sich Einlullen Lassen – von was auch immer – so dass Verwandlung in deine Essenz von SEIN sich durch dich vollziehen kann.

An dieser Stelle löst sich der Geist in der Realität des Lebens und der Wirklichkeit des Seins Selbst. Hier wird das Gewahrsein dessen, was du bist als unumstößliche Wirklichkeit offensichtlich.

Das unmittelbare Erleben ist ein direkter Schlüssel der Befreiung.

Die Erforschung dessen, was du bist und das Aufdecken und los-lassen der Mechanismen dessen, was du nicht bist ist Grundlage, der Wahrheit und der Selbst-Liebe den Raum zu halten und darin Identisch zu sein mit DEM was Un(ver)mittelbar ist.

Es gibt ein frei werden von... ein frei Sein.
Doch wir können Freiheit nicht erreichen,
weil wir DAS sind was Freiheit ist.

So geht es mehr darum, immer wieder gehen
zu lassen was man nicht ist, dass das Raum
bekommt, was wir unserem Wesen nach
sind, und zu Dies zu Sein, mit unserem
ganzen Wesen.

Freiheit finden wir in unserem Wesen,
im Herzen unseres eigenen SO-Seins.
Im Weiteren, Freiheit ist der Weg,
frei zu Sein, SO wie-du-bist.

Alle Wege sind illusionär, was will man
machen, so lebt es sich.

Der Weg, der sich geht, Herz sollte er haben
und dir immer umfänglicher eröffnen, was
Herz und Existenz-Selbst ist.

Welchen Weg du beschreitest, gehe ihn mit
deinem ganzen Wesen, immer umfänglicher
mit deinem ganzen Sein.

Alchemie des Seins

Die Verwandlung in DAS was-du-bist
geschieht in der Unbewegtheit des Seins,
in der durch alles die Essenz berührt wird
und so zur Entfaltung kommt. Es geschieht
in der Lebendigkeit der Stille dessen was IST,
in der uneingeschränkt alles geschehen darf.

Sei einfach und lass von Moment zu Moment
DAS LEBEN in seiner Lebendigkeit durch
dich geschehen. Hier eröffnet sich das,
wo nichts anderes als ungeteiltes
SEHEN-und-SEIN IST.

Lass dich durch alles erfasst sein
und halte dich an DAS Schöne, Gute,
an die Essenz des Einen IN DIR.
In der Alchemie des SEINS treffen zwei
Dinge aufeinander: die Begrenztheit, die
Vergänglichkeit des Menschen und aller
Erscheinungen und die lebendige Essenz vom
ungeteilten, ungeborenem SEIN.

Das vorbehaltlose Zusammentreffen dessen
offenbart die eine ESSENZ, die du bist.

Das alchemistische Geschehen löst all die
Gegensätze auf von: Alt und Jung, Tod
und Leben, Vergänglichkeit und Ewigem,
Form und Leere, Langsam und Schnell,
Hoch und Tief, Harmonie und Chaos,
Wirklich und Illusionär und es bleibt
die Essenz der Natur als das
was offensichtlich, LEBEN
und Unverändert ist.

Die Verwandlung in DAS,
was du immer schon bist, geschieht,
wenn du bereit bist, das, was gerade da ist,
pur zu erleben, darin zu verschwinden
und ganz da-zu-sein. Nicht nur einmal,
sondern immer wieder JETZT.

Leben ist in Bewegung
nur DAS Selbst ist

Leben ist in Bewegung - in sich unbewegt –
und ständig im Wandel. So wird die Qualität
des eigenen Selbst vielleicht immer wieder
übersehen. Und doch ist es die ständige
Veränderung, die das offensichtlich macht,
was unbewegt und unverändert ist.

Der Wirklichkeit des Selbst kann niemand
entkommen, denn es ist ununterbrochen
DAS was du bist. So ist es wertvoll, in der
Unmittelbarkeit des eigenen Seins gegründet
zu sein und darin umfänglich zu wurzeln.

Dies geschieht auch oder gerade dadurch,
dass all das, was uns menschlich macht,
auftauchen darf, da sein darf, sich wandeln
kann. In diesem Auftauchen der Dinge, dem
sich Wandeln, wird der innere Raum frei von
Identifikation und Anhaftung und die so
geglaubte Realität verblasst... und deine
Qualität dich selbst erfüllt, erfüllt den Raum.

Jeder, den der Ruf nach Wahrheit in sich vernimmt, wertschätzt es, erfüllt und liebend in sich zu Sein und SO zu leben...

So kann aus Dir Selbst der Ruf gehört werden, die eigene Vollständigkeit immer umfänglicher zu entdecken und fallen zu lassen, was dem entgegensteht.

Mitten drin, vor allen Worten...

Du bist DAS, was wort-los und unbewegt
alles hervorbringt.

Du bist DAS, was den Raum nie betreten hat
und ungeteilt Quelle dessen ist.

Du bist DAS, was den Raum nie betreten hat
Weil es in allem vollkommen unbewegt, die
Quelle dessen ist.

Hier mitten drin,
nicht dafür, nicht dagegen, einfach DU
Selbst, deine eigene Autorität,
weil du bist, was du bist.

Genau Hier erfasst es sich.

Im Lesen von dem was liest, dem Spüren
von dem was spürt. Lauschend dem was
lauscht...

Im Erleben von dem, was Leben ist, lebt es
sich selbst, ohne Abstand zu dem was ist,
bist DU DAS SELBST.

Die Unmittelbarkeit des Selbst-Gewahrseins
ist eine Qualität deines Seins.
DEM vertrau dich an...

Die Worte hier können Inspiration sein, dass
sich der Raum für ein intuitives Verstehen
öffnet und direkte Einsicht deiner Wahren
Natur aus sich Selbst heraus geschieht.

An dieser Stelle braucht es keine
Anstrengung, kein Nachdenken über die
Worte hier. Das Einzige, was es benötigt,
um die Wahrheit deiner Natur, als Das was
du bist zu erfassen, ist die Offenheit DIR
Selbst gegenüber. Das Einzige, was es dazu
benötigt, und darin liegt keine Not, denn es
ist deine Wahre Natur und die ist immer bei
dir, vollständig und frei, ist das was du bist.
Spüre dich So, wie-du-bist und die
Vollständigkeit-Vollkommenheit deines Seins
entdeckt sich aus sich Selbst heraus.

Durch Lernen haben wir verlernt, mit der
natürlichen Intelligenz des Unmittelbaren in
Berührung zu Sein und so dem Fluss des
Seins zu folgen – identisch mit DEM zu sein.

Wir haben verlernt, der natürlichen Intelligenz zu vertrauen, die kein Denken oder Wissen braucht, um zu Verstehen was unmittelbar ist.

Wissen ist seiner Natur nach keine Ansammlung von Information. Es ist eine Qualität des Seins und eine wundervolle Art, sich Selbst zu Sehen und das Leben. Und zu erleben. Diese Art der Wahrnehmung und des Erlebens geht weit über kognitives Verstehen hinaus. Diese Wahrnehmung ist Bewusstheit an sich, offen alles zu wahrzunehmen, was sich gerade zeigt. Dies ungerichtete Sehen der Unmittelbarkeit von Sein muss nichts wahrnehmen oder verstehen - weil sie DAS ist, was Wahrnehmung, Verstehen und SEIN ist.

...in diesem Wahrnehmen und Erleben kann sich dein Selbst als Ursprung und Quelle von allem erfassen.

Im Verstehen zu stehen und beständig mit der Beständigkeit des Seins zu sein, darin werden sich deine Seins-Qualitäten zeigen und in deinen Er-Lebensraum Re-Integrieren.

Auch Traum(a)Energie kann auftauchen – eben weil du gerade jetzt aus einem ewigen

Traum aufwachst. In der ständigen Bewusstheit die Hier ist, können Schichten von Geschichten von Sein auftauchen – die eine Art Trance in sich tragen, und Möglichkeit bieten, umfänglicher zu Erwachen.

Umso tiefere Träume in dir aufsteigen und sich in der Wachheit des GeWahrSeins lösen, kann das Angst, Aggression, Wut, Trauer, Anspannung, Schmerz... auf den Plan bringen. Darf sich all dies in dir vollziehen, und bis auf den Grund auftauchen, erlebt werden und somit sich aus-dir-er-lösen, offenbart sich Freiheit, in der einmaligen Qualität deiner Urspungs-Essenz.

In deinem SEIN kann Wandlung in die Essenz geschehen, dass sich DAS in seiner Fülle erfasst. Vertrau dich DIR an - darin wirst du erfasst von DIR SELBST. Vertraue dir – dem, was du ungeteilt bist... Lass dich erfasst sein.

Mitten drin, vor und in allen Worten bist DU, was-du-bist.

Dies hier kann dir dienen, durch die Filter des Geistes, in Dir Selbst dein ewiges, lebendiges Sein zu berühren, dass dies durch

alles Leben in dir lebendig wird, wie-es-ist.
Leben findet statt – so wie es sich vollzieht.
Sein und Werden geben sich die Hand und
Leben realisiert sich durch die aktuelle Form,
als DAS was es ist. An dieser Stelle hier gibt
es nicht wirklich etwas zu tun. Und vielleicht
ist es genau das, das Tun zu Lassen. Und
dies Lassen ist da-sein, spüren, geschehen
lassen, Sehen-und-Sein.

Nimm dir die Zeit, die Zeitlosigkeit deines
Seins tief zu berühren. Indem du dich
berühren lässt. Du dich fühlst, erlebst und
spürst, wie du unmittelbar da bist und sich
die Qualität des Selbst darin zeigt, als DAS
was du bist.

***

DAS erwacht zu sich,
und hat selbst nie geschlafen.

DAS, was du bist, ist nicht im Bereich von
Wachen und Schlafen – DAS, was Selbst ist,
hat kein Selbst. Unbewegt bewegt es sich
beständig durch sich Selbst. Ohne jemals
darin zu sein. Ein Paradox, das mit dem
Verstand nicht gelöst werden kann und sich
im GelöstSein und im unmittelbaren Erleben
wie es ist, aus sich heraus erlöst – einfach,
weil es frei ist.

Eine freudige Botschaft: Für dich gibt es
letztlich keine Befreiung, weil du Selbst frei
bist. Und nur das gibt dir die Möglichkeit,
im Raum der Möglichkeiten frei zu werden
und umfänglich frei zu sein. Ein Paradox,
das vom Verstandes-Ich nicht verstanden
werden kann, im Denken keinen Sinn ergibt
– doch in der direkten Einsicht das offenbart
was Freiheit ist und DAS ist was du bist.

Vollkommenheit

Die Vollkommenheit von DEM was erscheint und die Perfektion deiner Wahren Natur ist immer gegeben.

Dies ist natürlich und nur so kann es erfasst werden. Das, was hier angeboten und vermittelt wird, ist eine direkte Möglichkeit, dass das Sein und das eigene Selbst in seiner lebendigen ungeteilten Essenz erlebt wird, und sich darin die letztendliche Wirklichkeit erfasst, als DAS was du ist.

So ist dies hier ein sich der Möglichkeit öffnen, im Gegenwärtigen das zu finden, was immer woanders gesucht wurde, und sich darin als DAS erfasst, was Dem unbewegt vorausgeht. Um dies durch die Voll-kommenheit des lebendigen SEINs zu verkörpern.

Es gibt keinen Abstand zu Wirklichkeit selbst.
Und doch ist es „die Kraft der Maya", die
dir viele Illusionen anbietet über dich und
die Welt und die dich von ihrer Wirklichkeit
zu überzeugen scheint. Glaubens-Konstrukte,
Trauma und Drama, die dich glauben lassen,
sogar an Wahrheit, bis es nur noch ein
virtueller Abklatsch und Konzept-Konstrukt
ist.

Sehen und Sein sind in ihrem Wesen nicht
verschieden. Du bist vollständig und
vollkommen, so wie du bist. Dem Vertraue
mit deinem ganzen Sein,
es ist das was du bist.

Das Leben in seinem Geschehen

Eine Frage könnte sein, um sich Selbst umfänglicher zu empfangen: Bin ich bereit, mit meinen eigenen Fragen zu sein, offen mich selbst zu hören, offen mich selbst zu empfangen, mit dem was auftaucht, und dem wie es ist?

Sich selbst zu hören, Antwort zu Sein, nicht in einem „ah ja, SO ist es", was eine feste Ansicht, ein Konzept kreiert - sondern Antwort zu SEIN. Immer wieder frisch.... Jeder Moment ist einmalig, darin immer wieder frisch Antwort zu empfangen, zu erleben, was wirklich da ist an BewusstseinsQualität, an Anwesenheit, an Nährendem, an lebendiger Essenz und dies ungeteilt wirken zu lassen - Selbst Portal der Wirklichkeit zu Sein.

*

Der Freie Wille ist frei, weil er keinen Besitzer hat. Der MENSCH kann den Willen ergreifen und in der Freiheit des Selbst auf DAS eigene-Selbst ausrichten, und so im HERZEN verweilen, Handeln und Sein.

DAS SEIN ist das, was uns bestimmt und lebt. Und genauso ist es unser Sein - Denken, Fühlen und Handeln - was unser Sein bestimmt. Ein Paradox, das nicht im Geist geklärt werden kann und in seinem Wesen keiner Klärung bedarf.

In der Nicht-Antwort des Lebens,

leb einfach, wie es sich lebt.

Du bist das was Leben ist.

Lass dich erfasst sein,

immer und immer wieder

von dem was HERZ ist.

Das hier ist eine Einladung, das Leben
vollkommen geschehen zu lassen

in seinem Rhythmus, so wie es sich zeigt.

Den Ich-Glauben, Überlagerung, Unwissenheit
und Ignoranz hast du jetzt 30, 40, 50...
Jahre eindrücklich erlebt, lass es frei.

Entdecke die Qualität deiner Natur in dem
berührbaren Sehen und lass gehen, was dem
entgegensteht. Die wortlose Berührung mit
dem was ist, ist ungeteiltes Sein. Hierin bist
du eingeladen, von Dir Selbst, dich
umfänglich zu empfangen.

Wenn du im lebendigen uninterpretierten,
unmittelbaren Erleben der Körper-Energetik
und konkreten Erfahrung bist, verbrennt die
Unwissenheit und derjenige, der unwissend
oder wissend sein könnte, was einzig eine
Idee über eine Idee ist.

Der falsche Traum verliert an Substanz,
einfach weil DAS deckungsgleiche Sein das
ist, wo das Leben sich in seiner Natur
ungeteilt offenbart als DAS was du bist.

Vertrauen in den Erlebensfluss

Im Vertrauen in Dich-Selbst als Erlebensfluss, in dem alles vorbehaltlos auftauchen und sein darf, wird das, was Du erfährst, zur Selbst-Verständlichkeit Deiner Existenz.

*

Der Denkende-Geist kann einhaken, "oh Gott, dann bleibt ja alles wie es ist"

Ohhh Gott, DAS was du bist hat sich nie verändert. Und das was sich wandelt ist beständig im Wandel. Schau es dir an.

Du hast SO und so keine Chance. Es läuft so wie es läuft. Tue dein Bestes für DAS Beste in dir, einfach das was möglich ist.

*

Der Suchende Geist rennt durch seinen Käfig von Glaubenssätzen und Vorstellungen und landet immer wieder am Rande seiner eigenen Begrenzung, knapp vorbei an dem, was Vollständig und nicht zu erreichen ist.

So bewegt er sich im Hamsterrad, um „etwas" zu erreichen, läuft und läuft – statt hier zu sein und DAS Leben zu empfangen in seiner sich selbst erfüllenden Sattheit.

Vollständigkeit ist nicht zu erreichen, weil du es selbst bist – wenn, dann erreicht es dich.

In der Erfüllung des eigenen Seins kann das Hamsterrad des Lebens unmittelbar wegfallen. All dies hängt nicht von der göttlichen Gnade ab, sondern von unserem SEIN. An dieser Stelle; Du Selbst bist DAS, was göttliche Gnade ist. Sei vollständig hier. In der Intimität mit dem eigenen lebendigen SEIN erfasst sich Das, was du in deiner Wahren Natur bist.

DAS Leben...

...in seiner Unmittelbarkeit, ist eine
Einladung des Ursprungs an sich selbst.

Das, was Du nicht wahrhaben und wahr-sein
lassen kannst, kontrolliert und manipuliert
Dich und hält Dich gefangen in Konzepten
und Überlegungen!

Gerade die Ge-Schichten, die Du vor Dir
Selbst und der Welt versteckt hältst, darin
findet oftmals die größte Bewusstseins-
Öffnung statt. Hier liegt die Möglichkeit der
Reintegration des universellen Bewusstseins,
das du bist. An dem Punkt geht es um die
Bereitschaft, Dich Selbst in Ehrlichkeit zu
sehen, zu spüren, dich zu empfangen, so wie
du gerade da bist. Darin erfasst sich die
Vollständigkeit dessen, was du bist...

So, wie du dich dem Leben hingibst, so gibt sich Dir das Leben hin. So sehr, wie du dich Gott hingibst, so sehr zeigt ER sich in DIR, als DU. So sehr, wie Du bereit bist, das Leben zu empfangen, so sehr empfängt dich das Leben und nimmt Dich. Kennst du die Aussage: „Gehe 10 Schritte auf Gott zu, und er kommt dir 100 Schritte entgegen"? Im Grunde ein ähnlicher Pointer. Doch das Leben zu erfassen und sich erfassen zu lassen, ist kein Deal. Es ist ein los-lassen, ein frei-werden und frei-sein von diesem Ich und Mein, wo nur DAS Leben Selbst ist.

Das, was du erlebst, wenn du nichts mehr vermeiden, produzieren oder zurückhalten musst, ist die Ganzheit deines Wesens, die Vollkommenheit und die Freiheit deiner Natur. DU triffst auf Dich, so wie du bist, lebendiges Leben, Liebe die einfach da ist, ein Diamant der Stille.

Entspann dich
in die vollkommene Stille
und Sanftheit des Unmittelbaren...
Lass es sich durch dich vollziehen,
DAS Leben beschenkt sich
mit sich Selbst.

Inszenierung des Erwachens

Die Welt ist im Wandel. An verschiedensten Ecken der Bühne des Lebens ist richtig was los, immer wieder. Irgendwo berührt und triggert das jeden in unterschiedlicher Art und Weise, gleich welche Überschrift du dem gerade geben magst. Bei allem was auftaucht, und was einem dargeboten wird, ist dies eine große Vorstellung auf der Bühne des Lebens, die eine umfängliche Möglichkeit bietet, zu sehen, wo wir uns Selbst von uns Selbst und dem Ursprung des Lebens abtrennen und Bildern im Außen, Meinungen, Überlegungen, vorgefassten Urteilen und Gedanken Glauben schenken, statt uns dem Unmittelbaren zu widmen, und sich direkter Einsicht zu öffnen. Begrenzung ist der DIENER, der in deinem Leben erscheint und dich durch Einschränkung zu DIR führt. Begrenzung ist eine direkte Möglichkeit, in der Gegenwärtigkeit des Erlebens bei sich selbst anzukommen. Dies, was dich im deinem Leben einschränkt und berührt, als unmittelbares Erleben ernst zu nehmen und umfänglich zu erleben, macht dich frei von den Konstrukten in dir. Sich auf dies, wie es gerade ist, wirklich einzulassen und damit bei sich selbst anzukommen, bedeutet innerlich vollständig, durch alles was da ist zu erwachen.

Dies ist auch ein Erwachen in den eigenen Abgrund – der Schatten des Unbewussten wird wach und kann erlöst werden, durch Bewusstheit, Spüren im eigenen lebendige Sein. In der Intimität des HIER-Seins liegt die Möglichkeit, sich umfänglicher als DIES zu erfassen, was du ununterbrochen bist. Das ist der Punkt, an dem Schrecken, Verzweiflung, mentale Begrenzung vielleicht erstmals pur und umfänglich erlebt und abfallen können.

Anstatt endlos auf das Erwachen zu warten oder sich subtil im positiven spirituellen Denken zu ver-suchen, und das Setting zu manipulieren und drehen zu wollen, damit es sich gut anfühlt, kann die Einladung sein, einfach mit allem, was im Bewusstsein auftaucht, ganz hier zu sein. Und „Einfach" ist nicht immer einfach, aber auch nicht schwer. Natürlich, die Energetik des

Moments kann eine Herausforderung sein, immer wieder. Doch, das ist doch sowieso da, also wie lange noch verleugnen oder ins Drama und Denken gehen. Wie lange noch? Hier und Jetzt, ganz unmittelbar und konkret passiert das was Leben ist. Die Aktualität der Gegenwärtigkeit selbst ist der Punkt, an dem die Wahre Natur auf sich trifft.

Die Situation im Außen ist herausfordernd, weil sich aktuell äußere Bezugspunkte beständig ändern. Klar, kann man recherchieren, was gerade ist. Doch wie ist es dann am nächsten Tag?

Auf welche Lüge, Ungereimtheit, auf welche scheinbare Wahrheit triffst du heute?
Und was ist dann morgen wieder los?
Welche Hoffnung ist für Morgen gestreut, und welche Enttäuschung schon damit auf dem Weg?
Und welcher Informationsquelle kann man denn wirklich trauen? Nicht mal dem Gedanken im eigenen Inneren!

So kommt man auch mit der Tatsache in Berührung, dass man letztlich sehr sehr wenig weiß. Und umso mehr du weißt, desto deutlicher kann es werden, wie wenig du wirklich weißt. Hier kann im besten Fall Loslassen geschehen. Nicht wissen zu müssen und bewusst zu sein, und darin zu erleben, was sich unmittelbar vollzieht, ist ein Tor ins Wunderbare. Bevor sich dies vollends zeigen und integrieren kann, bringt das Unsicherheit, Angst, Wut, Traurigkeit, Orientierungslos hervor... lass es auftauchen, bei dir, nur bei dir und im vollständigen Auftauchen dessen
kann es erscheinen und gehen.

Geschieht dies Auftauchen von Gedanken-Gefühls-Energetik als reines unmittelbares Erleben, fallen äußere Bezugspunkte und Projektionsbilder, an die wir im Geheimen (unbewusst) glauben, schlicht weg. Dies ist ein energetisches Geschehen und Erleben, welches im eigenen Sein frei macht. Es gibt hier nicht wirklich etwas zu tun – es ist mehr ein vollkommenes hier-Sein, Sehen und Geschehen-lassen.

Im organischen Geschehen des Erwachens findet sich letztlich nur eine Möglichkeit, die Qualität der Bewusstheit ganz da sein zu lassen und in der Lebendigkeit dessen vollkommen anzuhalten und zu Sein. So ist dies hier eine Einladung, mit sich zu Sein, seine eigenen Grenzen, Identifikation, Einschränkungen, Meinungen und Urteile zu erleben – an dieser Stelle wird Traum.a-Energie, Schmerz, Unbewusstheit, Leiden und Liebe frei. Das kann einem für Momente alles weghauen, was du glaubtest, für einen Moment. Doch letztlich ist es Einladung und Möglichkeit, umfänglicher mit dir selbst zu Sein. In der Aktualität von unmittelbarer Gegenwärtigkeit ist Freiheit, frei Sein, die Natur des Bewusstseins selbst was du bist.

***

Nimm Dich ernst, sei da für DICH, um dich wirklich zu hören, zu sehen, zu spüren, mit allem, was in dir auftaucht. Es geht letztlich nicht um deine Bedürfnisse und Befind-lichkeiten. Dies, was in dir spürt, dass du Befreiung, Freiheit suchst, ist frei und es ist Freiheit an sich. Es ist dies, was dich in die

Freiheit führt. Diesem DU-Selbst vertraue
dich vollständig und vollkommen an.

Keine Sorge! Alles ist so und so manipuliert.
Alles?!

So ist dieser Moment eine Einladung, frei im
eigenen Blick zu werden – frei zu sein. Zu
sehen, wo wir manipuliert sind, unsere
eigene Kopie sind, wo wir ein Bild haben
von der Wirklichkeit, wo wir ein Bild haben
von dem, was unsere Wahre Natur ist.
Erleben können, wo wir bereit sind, all dies
fallen zu lassen und uns von dem erfassen zu
lassen, was ewig unverstellt die eigene
Wahre Natur, Wahrheit und Liebe IST.

Vertraue DIR, diesem DU, das keine
Geschichte hat und wortlos ist. Da ist
Qualität von Sein zu entdecken. DEM
vertrau dich vollständig an.

Brahman ist die einzige Wirklichkeit.
Die Welt ist Illusion. Brahman ist die Welt

(Shankara)

Alles beginnt und Endet bei dir

Die Vorstellung einer Neue Erde, eines Erwachens, in welcher Form auch immer, erhebt den Geist für einen Moment aus seinen Vorstellungen in die nächste Vorstellung und füttert mit Vorstellungen... Würde sich die Neue Erde realisieren, Erwachen würde passieren und der Geschmacks des Neuen verblasst, wäre es einfach das Alte in einem neuen Gewand. Realität, die ständig im Wandel ist und doch ein und dasselbe ist.

Du kannst dir nicht entgehen. Und diese Ausweglosigkeit ist Ausweg-los! Du kennst dich als DAS was du bist und bist frei, oder nicht.

Das Neue ist nichts Neues. Es ist DAS, was Ewig in Dir lebendig ist. Die Quelle des Gewahrseins, die sich in Bewegung gesetzt hat und Hier auf sich trifft. Dem gib Raum! Es ist das, was den Raum hervorgebracht hat – ganz unmittelbar hier.

Jeder Moment ist neu. Dies zu entdecken, ist etwas, was über die Worte hinausgeht...

*

Vergiss die Welt – als etwas, was außerhalb zu sein scheint. Hier findet unmittelbares Leben statt. Da wo du bist, geschieht Leben in seinem pragmatischen Kontext, nicht in der Zukunft, einer anderen Dimension, oder sonst irgendwo. Hier findet Leben statt.

Siehe, was hier wirkt und wirklich ist, SO wie es ist – vielleicht und sicher nicht so, wie du es dir wünschst. Mitten aus deinem Selbst entfaltet sich DAS Leben und ist ewiglich neu, das, was es unverändert und ununterbrochen ist. DAS was ewig neu ist, ist DAS was-du-bist.

DAS hat den Traum nie betreten

Der, dem es nicht in den Sinn kommt, seine
eigene Identität anzuzweifeln und dieses
„Ich" zu untersuchen, dem eigenen Sein auf
den Grund zu gehen, hält den Raum des
Lebens und den Lauf der Zeit für die
Grundlage seines Da-Seins.

Doch ist es nichts weiter als die Grundlage
einer kollektiven Fiktion. Und so hält man
sie für beständige Realität. So vernebeln
„Raum und Zeit", „Ich und Mein" den Blick
auf das, was nicht gesehen werden kann –
weil DAS kein Objekt ist.

Im vorbehaltlosen Sein mit dem, was
unmittelbar ist, ist offensichtlich, dass
nur SEIN IST und du DAS bist,
was Sein ist.

Innerhalb des Traumes, der dich glauben lässt, geboren zu sein, gibt es alle möglichen Vorstellungen über Erwachen, Geburt und Tod, Befreiung und Gebunden-sein.

Hast du genug vom Leiden am Leiden selbst, halte an, ohne etwas anzuhalten und schaue nach DEM, was du immer schon bist.

Das was du bist hat den Traum nie betreten. Du bist DAS, was der Traum ist – DAS, was der absolute Träumer ist. Dem vertraue dich an. Indem du DAS bist, was Sein ist.

Das, was du nicht ändern kannst

Vielleicht ist es genau das, was du glaubst nicht ändern zu können, das, was dich ändert, das Herz in Mitgefühl berührt und Dich sein lässt, wie du bist. In dem, was Mitgefühl ist, ist kein Raum für Wert-Urteil und Selbst-Kritik, Abwehr und Widerstand... Wirkliche Berührung mit dem Leben findet hier statt, die ohne Zweites ist und Eins-Sein offensichtlich sein lässt.

Mitgefühl will nichts ändern, es ist das Sein-lassen, Spüren und Erleben, was ohne Abstand ist. Es ist das unmittelbare Erleben von dem was da ist. Hierin löst sich der persönliche Traum. Einfach, weil alles, was sich persönlich gemacht hat, ganz da-sein darf - festgehaltene Ge-Schichten, die in der Qualität des Herzen schmelzen. Mitgefühl ist unmittelbares Sehen-und-Sein, ... ist unmittelbares Hören, Sehen, Riechen, Schmecken, Spüren dessen was da ist – Berührung mit dem Leben-Selbst. Darin bin Ich und der Andere offensichtlich nicht vorhanden. Da ist nur dieses stille ungeteilte

SEIN. Und das ist alles-was-ist, und DAS was ich bin.

Mitgefühl entspringt dem ehrlichen Sein mit dem, was da ist. Es ist wertvoll und befreiend, hinzuschauen, was in dir geschieht und es vollends geschehen zu lassen. Einfach, zu sehen, welche Gedanken auftauchen, zu fühlen, was an Gefühlen auftaucht und mit DEM zu sein, was in dir selbst passiert. Ein Erfassen des SEINS, was durch alles geschieht. Dafür braucht es Demut – den Mut, das Bild von dir selbst, wie es gerade erscheint, zerfallen zu lassen und dich diesem Unmittelbaren von Erleben ganz hinzugeben. Es ist ein Lassen der Geschichten und die Innere Bereitschaft, in deinem Wesen Ganz da zu Sein.

Echtes Mitgefühl will nicht verändern.
Veränderung liegt im Lauf der Dinge.
Dies darf vollends passieren und stattfinden mit dem, was es braucht. Verwandlung geschieht in der Stille des Erlebens, in dir.
Ohne, dass es einem Bild entsprechen muss…

Es ist ein beständiges Hindurchgehen – durch die Themen, die auftauchen, den Schmerz, die Gewöhnlichkeit des Momentes…, ohne wissen zu müssen, was wirklich geschieht, ...und wenn du durch bist, ist es weg. Als wäre es nie gewesen. Immer wieder zum ersten Mal. Und das Erstaunliche, in diesem beständigen Hindurchgehen ist auf einmal derjenige weg, der durch irgendetwas hindurchgehen könnte. Dieses scheinbare Ich, das Bild von dir, fällt an einem nicht-existenten Punkt des unmittelbaren Erlebens weg. Das „Ich" ist verschwunden. Und es war nie gewesen als etwas, was Substanz hatte. Hier bleibt DAS Selbst, das was Herz ist.

Der Fluss des Lebens fließt, endlos. Das, was im Prozess ist, wird immer im Prozess sein. Und DAS, was vom Prozess nie betroffen war, wird es auch nie sein – DAS ist nie-nie und DAS was du bist.

In dieser Unmittelbarkeit von Erleben ist offensichtlich, du kannst dir nicht entkommen, weil du bist was du bist.

Bleib einfach still

Der unruhige Geist will dir Vorstellungen
verkaufen…Greif nicht zu, bleib einfach still.

Der unruhige Geist ist am Rennen, du bleibst
einfach still, mit dem was ist.

Du glaubst, du kannst nicht still sein. Damit
sei still. Und es kommt von selbst zu Ruhe.
Darin erfasst sich die Stille selbst.

Du bist am Rennen,
du bist in Vorstellungen…
Ja, so mag es erscheinen.
DAS was du bist hat die Welt nie betreten,
du bist DAS was die Welt ist. DAS was
Existenz ist. DAS was Selbst ist.

Es kommt aus sich heraus zu Ruhe.
Stille erfasst sich von selbst. Bleib
einfach still mit dem was ist.

DAS Leben lebt sich

Frage: "Der freie Wille bedeutet, das ich tun und lassen kann, was ich will..."

Ronny: Selbst den nächsten Gedanken, den nächsten Impuls suchst du dir nicht aus - es passiert spontan und lebt sich aus sich heraus.

Auf personaler Ebene scheint es Handlungsspielraum zu geben. So lebt es sich. Doch wird das im unmittelbaren Erleben beobachtet und direkt erforscht, kann gesehen werden, dass das Leben ein Geschehen ist - just a happening. Der freie Wille ist frei, wenn es keinen Einwand mehr gibt gegen das, was sich willentlich und nicht-willentlich ausdrückt.

Das Leben lebt sich, immer.

„Und was ist mit den Gedanken?"

Die Gedanken denken sich von Selbst.

Und der Eindruck, ich denke, ist selbst nur
ein Gedanke, der sich auf das Ich bezieht
und sich aus sich selbst heraus denkt.

*„Es wird auch gesagt, wir hätten uns unserer
Leben ausgesucht?"*

Es wird viel gesagt.

Vielleicht ist es ein Hinweis auf die
Ausweglosigkeit deines SEINS, die du bist.

Dein Leben kam spontan, grundlos zu Dir.
Wie jeder Moment. Und selbst im Wählen
gibt es keine Wahl. Das ist Freiheit an sich,
die keinen Besitzer hat.

Gott ist eher ein Nicht-Gott.
Es ist DAS, was bleibt, wenn jede Idee
von Dir und Gott erloschen ist. Diese
Grundlosigkeit, die in sich selbst
ungeteilt und ununterbrochen ist.

Es geschieht nur Gottes Wille

Es geschieht nur Gottes Wille und Gott
weiß nicht, was er will. Das, was als Leben
erfahren wird, erhebt sich aus einer
Grundlosigkeit, die in sich vollkommen
Willen-los ist. DAS Selbst erscheint aus seiner
Selbst-losigkeit und ist in allem DAS was
Selbst ist.

DAS ist nicht wahrnehmbar – einfach weil
DAS Selbst die Quelle der Wahrnehmung ist
– du Selbst die Quelle des Gewahrseins bist.
Und aus dieser Nicht-Wahrnehmbarkeit
erscheint Gewahrsein als grundloser
Schöpfungsimpuls. Woraus sich grundlos DAS
Leben in Bewegung setzt. Bis es sich hier als
Körper-Raum-Gewahrsein vorfindet und in
der Ausweglosigkeit von Sein beginnt, die
Möglichkeiten zu nutzen, die dir als Wesen
gegeben sind, wie Fühlen, Spüren, Erleben,
Unterscheidungsfähigkeit, Handlung -
Ausrichtung, auf das, was dir beitragend ist,
und so einen Raum von Bewusstheit in dir
eröffnet, mit allem was dich in deinem
Wesen ausmacht zu Sein.

Hier mitten drin kann sich ein Raum von
EssenzQualität eröffnen, uns immer
umfänglicher verkörpert werden. Als
„Körper-Raum-Gewahrsein" ist Bewusst-sein
unsere Natur – ist es unsere Natur, ewig zu
existieren - weil wir Existenz sind. Unsere
Natur ist Frieden, Wohlbefinden, oder
Seligkeit. Oder nenne es Frieden, der
grundlegende Stille ist. Dies, was sich

grundlegend gut anfühlt und den Geschmack von Zeit-losigkeit in sich trägt - gleich was da noch am Start ist.

Durch Geburt und etliche Faktoren haben wir unsere Natur von Bewusstsein, Existenz und Selbst-Gewahrsein mit Ge-Schichten überlagert. Anstatt zu erleben, dass wir Existenz sind und DIES zu Sein, haben wir uns begrenzt auf eine begrenzte Person, die eine Weile existiert...

Selbst-Erkenntnis in seiner Natur ist spontan und irreversibel. Das Abräumen von Unwissenheit und Ignoranz ist Arbeit – diese Arbeit, Anstrengung, nicht im einem Sinne von Tun und Machen, eher in einem Sinne innere Anstrengung sein zu lassen, getrieben sein und inneres Werken gehen zu lassen, in einem Schauen, Spüren, Erleben, Geschehen-lassen und hier zu Sein.

Das ist befreiend im Wesen des Menschen, wenn Schlacken des Vergessens, der Ignoranz wegfallen als wären sie nie gewesen. Manchmal geschieht es spontan und manchmal geschieht es als ein prozesshaftes

Abtragen von Altlasten – das fühlt sich zeitweise schrecklich an. Doch auch das will erfahren werden – denn es ist genau das, was nach Hause kommen will. DU BIST immer schon zu Hause. Denn DU Selbst bist das Zuhause – was immer wo anders gesucht wurde.

Gerade im puren und stillen Erleben alldessen, was sich zeigt, kann gesehen werden: "So wie-es-ist – bin ich vollständig. So wie es ist, ist es vollständig" An diesem Punkt kann es sich wandeln - in DAS was Sein ist.

In der Deckungsgleichheit mit dem, was SEIN ist, IST das, was Gottes Wille ist, offensichtlich mit sich selbst in Bewegung.

Es geschieht am leichtesten, indem die grundlegende Qualität des Seins in seiner Leichtigkeit geschmeckt wird, und du dich der Bewegung dessen anvertraust - DU dich HIER mittendrin am Ursprung erfasst.

Es geschieht nur Gottes Wille.
Doch Leben, Handeln und Sein
musst du schon selbst.
Denn GOTT ist hier als Du.

Bewusstsein,
das sich selbst träumt

Frage: „Was ist deine Wahrnehmung? Nur Simulationen können bewusst sein."

Ronny: Da muss ich widersprechen, nur Bewusstsein kann sich selbst bewusst sein. Simulationen sind etwas, was im Fokus der Wahrnehmung von Bewusstsein auftaucht und wahrgenommen wird. Weder bist du der physische Körper, noch bist du in künstlicher Simulation. Und sollte es als physischer Körper erlebt werden oder als feinstofflicher Körper oder als künstliche Simulation, ist es immer eine Art von Formhaftigkeit. Du bist nicht die Form. Weder musst du dich davon trennen, noch bist du es.

„Bewusstsein braucht Trennung."

Ja, absolut. Trennung eröffnet Wahrnehmung von Erleben, Erfahrung. Deshalb bringt es Trennung rein, dass Erfahrung und Erleben erlebt werden kann, doch die bringen nix.

Denn Sein an sich kann nicht getrennt werden.

„Gott nimmt sich nicht wahr.‟

Ja. Gott ist das, was wahrnimmt. Der Sucher ist das Gesuchte. Das, was Suche und Wahrnehmung ermöglicht, sucht sich selbst, findet zu sich selbst zurück und DAS hat sich nie, nie verlassen. Vor jeder künstlichen Zirkusrealität. Vor jeder Körperlichkeit. Vor jeder Geschichte. Na ja, im Nicht-Kennen kennt er sich. In dem, wo das, was sich sucht und das, was wahrnimmt und Wahrnehmung ermöglicht, auf sich selbst trifft, kennt es sich im Nicht-Kennen. Das kannst du nicht machen, weil das natürlicherweise gegeben ist. Da auf ein Ergebnis oder Ziel zu hoffen, das ist der Irrsinn. Die Realität gestaltet sich so, wie sie sich gestaltet: künstliche Realität oder die Natur von natürlichem Sein oder irgendwas, Simulation von Maya, irgendeine Art von Traum im Traum. Lila, sich selbst erkennendes Bewusstsein, was sich spielt. Wenn das, was Selbst-Sein ist, zu sich selbst zurückkehrt, worin es nie einen Abstand gab, ist es der originale Traum. Das Absolute, Bewusstsein, das sich selbst träumt.

Ja klar, bringt das Trennung rein. Das Beispiel wurde hier schon so oft gebracht, dass die Wand die hier ist, den Raum offensichtlich macht. Wäre keine Wand, keine Trennung vorhanden, würde der Raum nicht wahrgenommen werden. Ein simples Beispiel. Und es ist Bewusstsein. Es ist Bewusstsein hier in diesem Raum, draußen. Und die Wand, die sozusagen den Raum hier scheinbar trennt, ist genauso das, was Bewusstsein ist. Es sind vielleicht verschiedene Frequenzebenen und du bist das, was in jeder Frequenz das ist, was es ist. Und darin fällt das scheinbare Ich weg, indem das gesehen wird, dass kein Ich wegfallen könnte. Ich-losigkeit, Raum-losigkeit, Zeit-losigkeit, Wunsch-losigkeit kann nicht wahrgenommen werden, DAS kannst du nur SEIN.

„Da ist ein Leben, was gelebt sein will, und der tiefe Wunsch und ein Sog, in der Stille zu Sein. Irgendwo gebunden zwischen Handeln, leben müssen und still Sein,

in Stille Sein. Wie eine Art Warten auf einen Shift, so kommt es mir manchmal vor."

Es lebt sich genauso so, wie es sich lebt!

Wenn das Leben kein Bild mehr erfüllen muss, keine Vorstellung mehr erfüllen muss, dann fallen die Vorstellungen weg, wie es sein sollte und das Warten darauf, dass es anders sein könnte, verblasst in der Zeitlosigkeit, die das ist was jetzt ist.
Es lebt sich genauso so, wie es sich lebt.
Und es ist das Schöne, wenn es sich genauso lebt, wie es sich lebt. Dann kann es sich auch entfalten in seiner Faltenfreiheit von dem, was LEBEN an sich ist.
Und genauso will es sich auch leben mit allem. Da ist ein Impuls zu Handeln, aus dem was SEIN ist. Es ist das, was sich ausdrückt, was getan wird. Und weil es in dem Moment keine Alternative gibt, lebt es sich so. In seiner Vollständigkeit, in seiner Unvollkommenheit, die in sich vollkommen ist. Genauso, wie es gerade stattfindet.

Es ist wie mit dem Einschlafen am Abend. Jeden Abend gehst du in den Schlaf, und

noch niemand, der es erlebt hat. Und so
wird auch das was Frieden ist verpasst.
Du kannst es nur SEIN. Ja, das ist der Spaß
dessen, was Leben ist. Und genau so lebt es
sich auch. Wenn die Selbst-Erfüllung
komplett ist, ist absolut niemand mehr dabei.
Vollständigkeit ist immer gegeben. Und es ist
DAS was du bist.
Wenn alles, was stattfinden kann, passieren
kann, weil es aus sich selbst heraus passiert,
ist offensichtlich, dass Vollständigkeit immer
und ununterbrochen gegeben ist. Und, was
gibt es da zu tun oder zu lassen?

Der Wunsch, in sich selbst zu verweilen,
passiert aus sich selbst heraus. Der Wunsch
hat keinen Besitzer, sondern wie eine Energie
oder einen Magnetismus, der aus sich heraus
wirkt. Und wenn du damit nichts mehr
machen willst, kann es seine Wirkungskraft
entfalten - wenn du mich fragst, wie es
gehen könnte.

Das, was hier stattfindet, führt nirgendwo
hin. Das, was die Quelle an sich ist, hat sich
nie bewegt, DAS ist nirgendwo hingegangen.
Und das, was als Bewusstsein erscheint und

nicht getrennt ist von der Quelle, bewegt sich durch sich selbst. In jedem Punkt von Sein bist du, was du bist.

Ich bin nicht so ein Freund von dieser ganzen schönen Seins-Philosophie. Weil das irgendwie einlädt, im Sein zu schwelgen, mit der versteckten Hoffnung auf ewig gute Gefühle oder mit der Rosaroten Sonnenbrille sich eins zu erzählen, Shanti Shanti.
Fuck it! Die Wirklichkeit des Seins ist nicht zu erfassen. Das, was Sein ist, und das, was Wahrnehmung ermöglicht, ist nicht getrennt von dem, was wahrgenommen wird. Und da gibt es kein Wissen, keine Erfahrung, keinen Wissenden, keinen Erfahrenden. Und es ist das was Frieden ist, das was Leben ist, was sich aus sich Selbst heraus lebt.

Der Wunsch, in sich selbst zu verweilen, kommt und geht in dir, du bist ununterbrochen. DAS Sei. Verweile im SEIN, wo nichts Zweites ist, DIES, wo du das bist, was du interpretations-los, ohne Reflexion bist.

Identisch mit DEM-was-ist

Der Ausweg aus den Vorstellungen des
Geistes ist, mit dem-was-ist, identisch zu
Sein. Ganz schlicht, DIES zu sein was
unmittelbar ist.

Halt an, schaue und lausche – lass dich
erfassen von DIR. In dem was ICH BIN gibt
es keine Vorstellung von mir. Denn ich bin
DAS was ununterbrochen ist.

Ich war schon bevor die EWIGKEIT erschien.

Ich bin
in allem unverändert
DAS was ich bin.

Alles, was erscheint ist das Erscheinen von
mir selbst, doch ich bin kein Objekt.
Und DAS ist alles was ist.

Kapitel 2

Aus dem
falschen Traum erwachen

Dein eigenes lebendiges Buch

Willst du dich aus dem Leid, aus dem
falschen Traum der Identifikation mit dem
Ich befreien... frei werden und frei sein,

dann lies
in deinem eigenen Buch.

Schau bei DIR, wie es sich vollzieht
durch die Energetik des unmittelbaren Seins.

Schau einfach bei dir.
Lasse alles auftauchen...

Es gibt hier nicht wirklich etwas zu tun
und vielleicht ist es das, was an dieser Stelle
zu „tun" ist, alle Denk-, Gefühls- und
Handlungs-Impulse zu lassen.
Nichts aufzugreifen und DAS zu SEIN,
was ohne jedes „Wenn und Aber" IST.
Die Qualität deines SEINs ist in seiner Natur
immer gegeben, an dieser Stelle des
„Sein-lassens" erfasst es sich.

Es liegt an Dir,
es zur Reife zu bringen.
Und du kannst hier nichts machen.
Doch in der Nicht-Machbarkeit dessen,
was ist und in der Ausweglosigkeit,
mit DIR Selbst zu Sein, vollzieht es sich -
dem gib Raum.

*Das Paradox der Befreiung
liegt darin, nicht irgendwas zu werden,
sondern zu SEIN was-du-bist.*

DU LEBST

Die Lebensenergie, kann viel bittere und schmerzhafte Fasern aus deinem organischen Sein lösen. Lass dich nicht in den Verstand und in das Suchen hineintreiben. Lass dich nicht in die Irre führen. Erlebe pur, unmittelbar was geschieht... entdecke die Stille, Schönheit und Freiheit deines SEINS in dir.

Gerade die Gesamtheit des unmittelbaren Erlebens macht durch alle Schichten hindurch Schluss mit Identifikation, das Ich zu sein und DU bleibst als DAS was du bist.

Die End-Täuschung darf in jeder Hinsicht abfallen lassen, was Täuschung ist. Und so entstehst du in jedem Moment neu aus dir selbst heraus.

Schmecke deine Natur – schmecke den, der schmeckt und deine Essenz, die lebendiges ununterbrochenes Sein ist.

DAS Leben lebt sich außer-gewöhnlich.

Mach dir keine Sorgen.
DAS kennt den Weg.
Dem vertrau dich an.

Vertrau dich der Stille des ICH BIN an.
Vertraue der Bewegung, die daraus geschieht.

Vertraue der Klarheit der Intuition.

Vertraue dem Fluss des Nicht-Wissens,
dem Leuchten des Herzens,
was still und unbewegt ist,
dem Fluss der Stille in dir.

Lasse all das Misstrauen gehen.

Vertraue dem Sog nach Innen,
und halte dich vertrauensvoll an deine Natur,
die immer bei dir ist und IST was-du-bist.

Vertraue dem Vertrauen.

Vertrau deinem eigenen Selbst.
Ungeteilt bist du das.

DAS lebt sich durch alles

Es ist nicht so, dass du es bist, der lebt. Die Quelle lebt sich durch das was du bist - das was Bewusstsein ist.

Siehe, dass „du und dein Leben"
bereits etwas Erlebtes ist.

Die stille Bewusstheit für die Lebensenergie selbst und das-was-ist, ist das, was dich frei macht. Bewusstsein Selbst ist in sich frei und das was du bist.

Es ist die Totalität des Lebens, die sich lebt. Und DAS lebt sich durch alles.

Das Spüren und Erleben, was sich im Lebensfeld des eigenen unmittelbaren Seins eröffnet - mit dem, vollständig, präsent zu SEIN, öffnet dich für DAS was du bist.

Im absichts-losen Verweilen, Erahnen und Sein, was Sehen und Sein ermöglicht, erfasst es sich.

Der Schmerz des Erwachens

Schmerz bricht oftmals alte Krusten und Konzepte der Ich-haftigkeit auf. Kann das gesehen und erlebt werden, aus dem was wahr IST, bringt es mehr von unserer Vollständigkeit und dem, was Wahrheit in Mir-Selbst ist, hervor. Das scheint ein Punkt zu sein, den Schmerz und alles, was da zu sein scheint, „akzeptieren" zu können.

Nur ist das wort-loser Natur. Es geht nicht um Akzeptanz oder Nicht-Akzeptanz. Sondern um die Bereitschaft, das zu erleben was ist, aus dem heraus, was Leben und Gewahrsein ist. Und so umfänglicher lebendiges Sein zu verkörpern und zu Sein.

Das macht es leichter, weil wir es uns nicht unnötig schwer machen.

Der Schmerz, der auftaucht, ist sehr präzise und direkt. Er hält nur so lange an, wie es nötig ist. Und genau das unmittelbare Erleben bringt dich immer umfänglicher HIER her, lässt dich sehen und erleben, dass du die Quelle bist.

Reintegration wird möglich im Still-sein,
Spüren und Erleben deines SEINs selbst.

Verwirklichung ist ein Weg der natürlichen
Stille, Freude und Klarheit. Der Schmerz,
der auftaucht, kann dich die Natur der
Freude tiefer verstehen lassen und dich
in die Klarheit und Freude bringen.

Suche nicht den Schmerz und nicht
Glückseligkeit. Und lehne es nicht ab,
wenn es auftaucht. Lasse es auftauchen,
in seinem Kommen und Gehen.
Entdecke das natürliche Glück in dem,
was du immer und ununterbrochen bist.
DEM vertraue dich an.

Heilung ein organische Geschehen

Kannst du dich erinnern, als Kind gefallen zu sein? Dass die Hände und Knie blutig sind? Das Heilen der Wunde ist zeitweise unangenehm. Es juckt, vielleicht brennt und schmerzt es. Und so kratzt das Kind die Wunde wieder auf, weil es unangenehm, intensiv ist und es dies Empfinden nicht erleben will.

Lass dich nicht in die Irre führen durch den unbewussten Impuls, an der Wunde zu kratzen. Erlebe pur, so wie es sich zeigt, dass das Leben sich von selbst ordnet, in die Ordnung des Heil-Seins bringt – dass die Ursprünglichen Selbstheilungskräfte in dir wirken können. Spüre dich, diesen Moment, wie es wirklich ist. Wird Schmerz wertfrei erlebt, verwandelt er sich in reine Energie. Entwicklung, Wachstum passiert und Raum entsteht, umfänglicher zu Sehen, zu leben und zu Sein. Darin ist eine Art von Schönheit zu entdecken.

Der moderne Mensch wünscht sich insgeheim Heilung, Erlösung als eine Art „Instant"-Geschehen... Erlösung bedeutet auch, dass sich die Dinge lösen, die es eng machen, in Bewegung kommen, sich so auflösen und darin auch erst mal in ihrer Gesamtenergetik spürbar werden.

Es gibt Phasen, da bricht alles zusammen. Und der Ich-Geist fragt sich: „Was nun, was tun?" Und so fängt der Mensch an, von hier nach dort zu rennen, anstatt wirklich anzuhalten, sich selbst da sein zu lassen, zu spüren und geschehen zu lassen, was passiert. Wenn es schon am Bröckeln und im Zerfall ist und du siehst, dass du im Grunde keine Chance hast – dann nutze die Chance, die da ist. Lass es geschehen. Lass das Alte wegbrechen. Gerade das Erleben des Zusammenbruchs von identifizierten-Welten ist die Erlösung, worin energetische Heilung geschehen kann, Heil-Sein sich erfasst. Vertraue der Kraft, die den Weg kennt.

Nichts, was fehlt und nichts, was weg oder hinzugefügt werden müsste. Denn du bist vollständig in deinem Wesen. Das kann

erfasst werden. Und doch kann „etwas"
auftauchen, was dir die Knöpfe drückt,
Ladung hat, unaushaltbar erscheint…
Das schau DIR an. Und lass gehen, was du
essenziell in deinem Wesen nicht bist. In der
Bereitschaft, mit Dir zu sein, eröffnet sich
Vollständigkeit immer umfänglicher durch
das Leben selbst. Dies geschieht gerade hier.
Dem gib Raum.

Das Sich-Lösen von dem was du nicht bist
ist nicht immer leicht. Denn Ich-Identität und
Ignoranz sind tief in den Organismus
eingraben. Doch wenn es sich auf-löst und
den Organismus verlassen kann, ist da
Freude und das was Frieden ist.

Der Mensch wünscht sich Erlösung. Und
wenn es geschieht, beginnt er dagegen zu
arbeiten. Vielleicht, weil ein Erleben von
Begrenzung, Kontrolle, Trennung und Mangel
der gewohnten alt-bekannten Wahrnehmung
entspricht. Das kann schmerzhaft sein, wenn
diese Identitäts-Inhalte zerbröckeln, weil es
tief im Körper verinnerlicht ist.

Wenn Heilung als ein Aspekt des Erwachens durch dein ganzes Wesen geschieht, fallen Vorstellungen weg, Bilder, Ideen, Konstrukte aus Ignoranz. Wissen und Unwissenheit, was beiderseits Ignoranz ist – das Leben ist selbst pur und ohne Abstand. Geschieht das Aufwachen durch die Körperzellen und ergreift in seiner Intensität deinen Leib; ein wunderbares Gebet, dies hilf-lose: „Oh mein Gott". Lass es passieren.

Gleich wie es ist, Sei einfach... und atme

...und es bleibt DAS, was lebendiges SEIN IST. Die umfassende Ganzheit des Mensch-Seins, die Du bist, ist DAS Selbst, die Hier verkörpert ist. Darin wurzle. Lass sich DEINE Essenz durch dich verkörpern, lass DAS deine Identität sein.

***

Aus einer subtilen Körper-Idee, verknüpft mit philosophischen Vorstellungen, wird all zu oft der Glaube genährt, nicht der Körper zu sein. In der Hoffnung, wenn „DAS Erwachen" passiert, dass all die Prozesse zu ihrem Endpunkt kommen und nichts mehr da ist, was stören könnte, keine leidvolle Erfahrung mehr existieren kann. Und genau diese subtilen Ideen und Vorstellungen sind das, was wirklich Störung und Leid am Platz hält und generiert. Die Idee eines „Endpunktes" ist wie eine Todeslinie, die man in die Zellen des Körpers einschreibt, und Leid am Platz hält.

Die Aussage, nicht der Körper zu sein, heißt nicht, dass du nicht der Körper bist.
Du bist einfach viel, viel mehr… und das Leben scheint in diesem Mensch-Spiel sein LebensZentrum in der menschlichen Form zu haben. Wird das wertgeschätzt und das Gewahrsein ist frei zu sehen, eröffnet sich die Grenzenlosigkeit der eigenen Natur, die sich durch Form und Formlosigkeit spielt.

Der Körper ist ein lebendiger Organismus. Seine Natur ist es zu leben, zu pulsieren, in Bewegung zu sein, da-zu-sein… Darf das vollends geschehen, entfaltet sich das Leben durch den Körper auf seine einmalige Weise. Ja, darin ist auch die Intensität des Wandels. Darf es passieren, so wie es passiert, ist das prozesshafte Geschehen in seinem Gesehen-Sein nährender Beitrag für Dich...

Der Punkt der Befreiung ist, alles pur und vollständig zu erleben, so wie es erscheint... Allen Stress, Ich-haftigkeit, Trauma, karmische Strukturen und Bindung, Angst, Schuld, Scham, Aggression, Überforderung zu erleben, genauso wie den Frieden und den Bliss... Nicht den Gedanken der Langeweile aufzusitzen und die Bereitschaft zu kosten, was wirklich da ist. Die Stille zu schmecken, immer wieder in allem die Stille sich entdecken zu lassen. Auch die gewöhnlichen Erfahrungen ganz zu erleben und in der Stille dessen, Bewusstsein immer umfänglicher zu erfassen.

Alles, was im Erleben auftaucht, pur zu erleben, ist das torlose Tor, noch umfänglicher Freiheit zu realisieren. Suche nicht das Schöne. Suche nicht das Leid. Lebe simple, pragmatisch mit dem was ist und die Freiheit deiner Natur zeigt sich unerwartet, als DAS was du bist.

Es ist zu kurz gedacht, eine Art Verleugnen, immer das Schöne zu suchen oder nach Erkenntnis zu hecheln. Eine Art „Positivdenken", nur in seiner Natur verweilen wollen, in Frieden sein wollen, ein bisschen Liebe spüren.

Unmittelbares Sein und Handeln ist vollkommen praktisch. Wenn du bereit bist, es wirklich kommentarlos zu sehen und zu erleben, ohne daran festzuhalten… hört dies Ungeliebte und Schmerzhafte in dir auf, dich zu lenken und zu leiten. DU übernimmst wieder den Raum durch die Energetik die du bist.

Entscheidend ist es, den „Überlebensmodus" aufzugeben und bis in die Knochen, durch all deine Zellen die Essenz zu spüren – dein eigener Raum zu Sein. Und im Fluss dieser Qualität zu leben.

Schau es dir an. Alles ist Antwort auf dich selbst und aus dir selbst. Im kompromisslosen Sehen und Sein zerfallen die Bindungen an einen falschen Traum und die Freiheit deiner Natur kommt unbewegt, frei und lebendig zum Vorschein als DAS, was DU BIST.

Akzeptanz

Akzeptanz scheint ein Schlüssel zu sein, sich für Bewusstsein zu öffnen. Dies ist erst mal entspannend, erleichternd, dem Leben in Akzeptanz zu begegnen - bis Erfahrungsinhalte auftauchen, die scheinbar alles andere akzeptabel sind. An dem Punkt wird Akzeptanz vom Ich-Geist immer wieder in Frage gestellt, weil das „Ich" an der Stelle nicht akzeptieren kann. Und im Grunde ist das der Punkt, wo das ganze Erleben in Drehung kommen kann, wenn es ganz da sein und vollständig auftauchen darf und erlebt werden kann, ohne dass es aufgegriffen oder abgelehnt wird.

Das nächste Mal, wenn sich das, was erlebt wird, als nicht akzeptabel zeigt, lass es ganz da sein, bleib im direkten Erleben... erfahre, was auftaucht, darin empfange dich. Und du siehst, dass du nicht abhängig bist von Akzeptanz und Nichtakzeptanz, Du bist immer Du. In dieser inneren Bereitschaft, mit deinem Erleben zu sein, öffnet sich das Gewahr-Sein direkter Einsicht, du bist DAS was du bist.

Bist du bereit, mit allem zu sein, was erfahren wird, verschwindet die Vorstellung von Akzeptanz und Nichtakzeptanz. Und du bleibst als DAS was Bewusstsein ist, in diesem pragmatischen Sein - dies trägt den Geschmack von Seins-Qualität und ist das was Bewusstsein Selbst ist.

Es geht nicht darum, nicht akzeptable Zustände zu akzeptieren. Es geht darum, das innere Erleben so vollständig da sein zu lassen, dass kein Raum ist für Vorstellungen des Ich-Geistes und du in deinem Wesen ganz da bist. An dem Punkt, wo DU mit allem ganz DA bist, endet die Kommentar-schleife des Ich-Geistes und Akzeptanz zeigt sich als Bewusstseinsqualität, aus dem sich das Leben lebt und sich HIER in dir umfänglich erfasst.

Akzeptanz ist wort-loser Natur, Seins-Qualität an sich. Es geht nicht um Akzeptanz oder Nichtakzeptanz, sondern um die Bereitschaft, das zu erleben, was ist, aus dem, was Leben und Gewahrsein ist, und so umfänglicher lebendiges Sein, Essenz zu verkörpern…

Der Körper ist
ein Nondualer-Raum

Der Körper selbst ist ein Nondualer Raum.
Findet Selbsterforschung, Kontemplation,
direkte Einsicht umfänglicher durch den
Körper statt, hört jegliches Suchen, Warten
auf. Und das Mensch-SEIN kann mehr und
mehr in seinem Sein und Werden umarmt
werden, und sich umfänglicher aus seiner
natürlichen Kraft und Essenz entfalten.

Erwachen zur nondualen Wirklichkeit, der
Wahren Natur – die du bist, scheint oft mit
der Hoffnung verbunden, als wäre es ein
Instant-Shift, auf dessen Wirkung man hofft
und dann alles Unbill verschwunden ist. Ein
Zenmeister hat es sinngemäß so ausgedrückt:
„Erwachen ist einfach. Die Gewohnheiten zu
beenden, darin liegt die Herausforderung."
Das, worauf das Wort Erwachen hindeutet,
ist, dass sich DAS Selbst erkennt als DAS was
es ist. Ja, darin liegt Befreiung – doch ist es
eher ein Meilenstein, von wo aus man
beginnt, die Richtung zu erahnen. Und dies

Erahnen ist immer wieder etwas ganz Frisches. Ein Erahnen, Spüren und Sein, was ein immer umfänglicheres Sehen und Verstehen ermöglicht. Denn das ist kein Objekt, was man wissen und festmachen kann. Nicht „so ist das" als etwas was fest ist. Das ist maximal die Idee des Verstandes, der sich sicher fühlen will. Hier erfasst es sich immer wieder frisch – Bewusstsein, Entdeckung, Leben, Sein hat kein Ende.

Du bist eingeladen, ganz da zu sein mit allem was du bist… differenziert zu schauen, und zu sehen was du nicht bist. Und dies frei zu lassen… Durch das Freilassen dessen, was man nicht ist und das natürliche bei sich bleiben offenbart sich immer umfänglicher die Wahre Natur und die eigene Kraft, die einem zur Verfügung steht.

Hier passiert ein umfängliches Realisieren dessen, was wir sind, und ein pragmatisches Leben des Lebens Selbst, wie es sich lebt.

Der Körper ist ungeteiltes Sein, ohne Anfang ohne Ende. Niemand hat seine Geburt unmittelbar erlebt. Und niemand hat jemals seinen Tod erfahren. Niemand hat jemals diese direkte Erfahrung gemacht! Das sind immer nur die Geschichten der Anderen, mit denen man sich zu jemand und etwas macht.

Die eigene, unmittelbare Erfahrung ist das Erleben dessen, was spontan passiert. Und das hat keinen Anfang und kein Ende.

Dies, was kein Anfang und kein Ende hat, und HIER IST, ist das Selbst – alles andere ist die Märchenstunde des Ich-Geistes.

In der direkten Erfahrung hat der Körper keinen Anfang, kein Ende, ENDE!

Nicht die Eltern, nicht Gott, niemand Anderes hat dich als Körper geschaffen; das warst DU, die Quelle Selbst. Du bist aus deiner eigenen Quelle hervorgetreten. Du bist deine eigene Quelle. Du bist DAS, was die Quelle ist, die sich als UR-Energie in seiner einzigartigen Weise der fünf Elemente in diese Form gebracht hat. Der Körper wandelt sich in seiner Lebenszeit. Und wenn der vergeht, sind es die fünf Elemente, die bleiben, was sie seit Ewigkeiten sind.

Der Körper ist Bewusstseins-Form, er lebt seine Zeit. DAS was du bist ist nicht nicht zu bedingen durch Form oder formloses Sein, Zeit oder Ewigkeit.

Der Körper ist ein Nondualer Raum, der uns hier auf diesem Spielfeld Da-sein und Möglichkeit bietet zu leben.

...und da ist die allgemeine Tendenz, dem Körper so viel aufzuerlegen an Gedanken-Gefühlen, mentalen Vergleichen und Vorstellungen, „wie es sein sollte..." und all das... anstatt unmittelbar zu erleben und wort-los für sich zu erfassen: dass ich Selbst DAS bin, was ungeteilt und unvermittelbar ist.

Endlose Ideen werden dem Körper auferlegt, Ernährung ist zu einer Mode-Religion avanciert. Anstatt den Körper zu hören, zu spüren, ihm zu vertrauen als DAS, was er seinem Wesen nach ist.

So viele Ideen über den Körper, was gut oder schlecht für ihn ist, so viele Ideen, was gesund und ungesund ist, anstatt dem Körper zu spüren, was er im Moment gerne zu sich nimmt und ihn nährt – und so dem Körper selbst zu vertrauen.

Der Körper selbst ist ewige Existenz in seiner vorübergehenden Form von Sein und Werden. Und das, was SEIN ist, wandelt sich durch die Energie in alle Ewigkeit weiter und weiter. Sich dieser Möglichkeit zu öffnen, sich dessen gewahr zu sein und die Qualität darin zu entdecken, offenbart das Wunder des Lebens selbst, worin sich Sattheit mit sich Selbst beschenkt.

Die Qualität des Unmittelbaren

Im organischen Geschehen des Mensch-Seins findet sich die Möglichkeit, in der Gegenwärtigkeit selbst die Qualität des Unmittelbaren zu entdecken, ganz da sein zu lassen und in der Lebendigkeit des Gegenwärtigen zu leben und zu sein. Darin erfasst sich die Qualität von Vollständigkeit und Vollkommenheit des eigenen Seins.

So wie die Frage bereits die Antwort enthält, so liegt auch im Problem bereits die Lösung.

Wir arbeiten nicht an dem Problem, denn dies hält in den Bindungen des Geistes gefangen. Wir erforschen, was tatsächlich passiert, was Hier wirkt, wie es wirklich ist, was konkret und unmittelbar erlebt wird. Und entdecken so die Vollständigkeit unseres Seins, und dessen, was Leben ist.

Wir nehmen die Energie aus dem Problem zu uns selbst zurück und erforschen, Bewusst-Seins-Essenz, die wir sind. So entdecken wir noch umfänglicher die Qualität von DEM, was Sein ist, in uns Selbst.

Praxis der Wandlung

Das Einzige, was es letztlich benötigt, ist das natürliche und unmittelbare Erleben deiner Natur, genau mit dem was ist - zu Sein.

DAS ist immer bei dir, vollständig und frei. Und es ist DAS was du bist.

Im Menschen kann Traum(a)Energie auftauchen – eben weil Aufwachen aus einem ewigen Traum passiert. In der beständigen Bewusstheit für dich selbst können Schichten von Geschichten von Sein auftauchen und sich abtragen – die dich in einer Art Trance gehalten haben. Und nun in Bewusstheit aufsteigen können, Möglichkeit bieten, umfänglicher frei zu werden und frei zu sein, in dem, was SEIN und Freiheit ist.

Ge-schichten und Träume, die in dir aufsteigen, können Angst auslösen, Aggression, Anspannung, Trauer, Wut und Schmerz und all dies unangenehm Tabuisierte auf den Plan bringen. Darf sich all dies in dir vollziehen und erlebt werden, kann es sich aus dir er-lösen und darin offenbart sich die einmalige Qualität deiner Ursprungs-Essenz.

Das Spüren und Erleben des Körper-Seins,
und der natürliche Fluss der Lebensenergie
ermöglichen, TraumaStrukturen zu lösen mit
all dem, was darin gebunden ist.

Die Erlösung bedarf der Disziplin – der
Kontinuität, einer Art anstrengungslosen
Anstrengung, in der sich das lösen kann,
was immer wieder Anstrengung erzeugt
und in einer Art Dauerstress hält.

Letztlich geschieht Wandlung in die Essenz
deiner Natur durch die natürliche
Bewusstheit für DICH Selbst und der
Lebensenergie, die ungeteilt in ihrem Wesen
ist. Darin erfasst sich die Vollständigkeit
deiner Natur, die ständig mit sich in
Bewegung ist. Vertrau dich DIR an.
Lass passieren, was passiert, ohne den
Geschichten große Bedeutung zu zollen -
darin wirst du erfasst von DIR SELBST.
Vertraue dir – dem was du ungeteilt bist...
DAS Leben darf sein, wie es ist. Lass dich
erfasst sein in der Vollständigkeit deiner
Natur, die du bist.

Spüren, Erleben, geschehen lassen

Es braucht ein wenig Übung, pur zu erleben was auftaucht, zu erleben, was unmittelbar da ist und geschieht, und dies vollständig geschehen zu lassen. Es braucht ein wenig Übung, denn das läuft komplett gegen die Konditionierung des Ich-Geistes. Wenn die Energetik der Ge-Schichten und all deren Erlebnisinhalte auftauchen, lass sie in ihrer Energetik ganz auftauchen und geschehen - dies lässt dich umfänglich HIER Sein. An einem Punkt so sehr, dass die Ge-Schichten implodieren, verbrennen. Alles in der Leere verschluckt wird und du DAS bist, was bleibt und kein Objekt ist.

Das kann richtig Arbeit sein, aber nicht im Sinne von tun, wollen, Druck machen. Mehr in dem Sinne; hier Sein, empfänglich Sein für sich Selbst. Ehrlich schauend, alles erlebend. Spüren, fühlen, Anstrengung aufgeben, geschehen-lassend...
offen für dich selbst.

Spüre auch das Feststecken, das scheinbare Nicht-fühlen-können, das Nicht-Wahr-haben-wollen... bleib nicht in einem Aspekt des Erlebens hängen. Spüre das was ist, und werde und sei Gewahr. Jeder Moment von Erleben ist Fassettenreich und trägt Vollständigkeit in sich.

Kann alles, was auftaucht, was an Info-Energetik, und Bewusstseins-Inhalt im Moment da ist, ganz da sein, eröffnet dies unmittelbare Erleben einen Raum, der Freiheit ist. Von dort geschieht alles Notwendige ganz aus sich heraus. ES geschieht und ordnet sich aus dem, was frei ist... Da ist vielleicht viel in der Existenz, das Stress macht. Lass gehen was du nicht bist und sei offen für das was du bist. Dies zu erleben, eröffnet Raum für Inneres Wachstum. Gib all dem, was auftaucht, Raum – darin entsteht Raum für dich Selbst.

Wir sind fühlende Wesen in einer Welt voller Erfahrungen, die auch empfunden, gespürt, gefühlt und erlebt sein wollen. Ein Großteil des Leides liegt daran, dass wir uns vom unmittelbaren Erleben in uns abgetrennt haben und es vielleicht auch immer wieder tun, anstatt vollständig zu erleben, und uns von der Vollständigkeit in uns Selbst erfassen zu lassen.

Lass geschehen, was geschieht.
Freiheit realisiert sich jenseits von Wollen und Müssen. Und lebt sich absolut durch das relative Leben...

Das Schöne: Zu erleben was da ist öffnet das Herz für die Liebe selbst, für das was Herz ist.

Auf dem direkten Weg

Auf dem direkten Weg, der Suche nach
Freiheit die DU BIST... der Suche nach DIR
Selbst, lieber links abbiegen. Es scheint so
gefährlich, die bekannte Scheiße und all die
Vorstellungen, Urteile, Meinungen und
Bewertungen die bestimmend scheinen, zu
verlassen, und zu SEIN was-du-bist.

Es scheint so gefährlich... doch die Gefahr ist
nur dies, das ewig Unbekannte zu berühren,
und zu sehen, dass dir nichts passiert, und
DU genau DAS bist. Hierin ist Erfüllung, die
Freiheit ist.

Lass passieren, was passiert. Darin triffst du
unausweichlich auf dich Selbst.

Das Erstaunliche, dass all die Scheiße
niemals etwas mit deinem Wesen zu tun hat.
Abwischen und Spülen solltest du dennoch.

Vielleicht das Außergewöhnlichste, die
Traum(a)Identität nicht mehr zu bedienen
und ehrlich zu sein, mit dem was IST.
Eine Ehrlichkeit, die keinen Ausweg bietet,
NUR das zu SEIN was Herz ist,
einfach DAS was-du-bist.

Zu Sein was-du-bist, ist die Einladung an dich selbst. Da findet sich alles, was immer gesucht wurde. All das, was du dir in deinen kühnsten Träumen nicht vorstellen konntest, lebt sich ununterbrochen durch das was-du-bist. Und vielleicht wirst du scheitern, auf dem eigenen Scheiterhaufen und das sein was Herz ist, und dir selbst in die Arme fallen. Verfallen in dich Selbst und endlos weitergehen, zu Dir.

Hier gibt es keinen Weg, der gegangen werden könnte. Es findet sich in der totalen Berührung mit dem was Unmittelbar ist. Genau hier trifft das Unvermittelbare auf sich Selbst, und DAS bist du.

Lass passieren, was passiert und lebe

Im Bewusstsein taucht die Sehnsucht oder der Wunsch nach Befreiung auf. Doch „die Person" wird die Befreiung selbst nicht erreichen, weil sie ihrer Natur nach Begrenzung ist. Im Sehen und Erleben, dass dies einfach eine Vorstellung im Bewusstsein ist, darin verblasst der Eindruck, „Jemand und Etwas" zu sein. Und DAS, was Bewusstsein ist, tritt bildlos hervor. Und ist DAS, was du ununterbrochen bist.

Ein praktischer Hinweis ist einfach ein praktischer Hinweis – ich spreche nicht zur Person, Bewusstsein spricht mit sich selbst. Lasse die Idee, die Person mit Ihrer Geschichte zu sein – greif's nicht auf. Es lebt sich simple und praktisch durch das Mensch-Sein.

Nicht die Person, nicht dieser persönliche Eindruck, nur dies Ich-Bin-SEIN kann zur Quelle zurückkehren. Und löst sich letztlich selbst darin auf – so dass sich die Quelle

vollständig in sich selbst erfasst, als DAS
was-du-bist.

DAS Leben lebt sich. Du tust, was du tust.
Es wird getan, was im praktischen Kontext
dran ist... Doch letztlich ist es immer
ungeteilt DAS, was Totalität ist, was durch
alles wirkt, und DAS bist du. So ist es viel
mehr die Herausforderung, im Mensch-Sein
mit dem, was ist, vollständig DA und ge-
lassen zu SEIN. Lass passieren, was passiert
und lebe, so wie es sich lebt. DAS kennt
seinen Weg.

DAS kennt seinen Weg

Ramana Maharshi, wurde von jemand aus
dem Westen nach nach einer „Praxis der
Verwirklichung" gefragt. Seine Antwort war:
„Gehen Sie den Weg, den sie gekommen
sind"

Wenn das in der Wirklichkeit des SEINs
überprüft wird, kann als simple Tatsache
gesehen werden, ich bin immer hier. Sein
ist unbewegt in seinem Wesen. Darin kann
ein natürliches Anhalten passieren, in dem

sich der Weg, der durch alle Zeiten und Räume gegangen wurde, sich in der Gegenwart des Selbst erlöst, und sich offenbart, dass du die Quelle Selbst bist. Ist ein aufrichtiges Interesse, ehrliches Verweilen in Dir, geschieht auch Wurzeln in dem was du bist

Persönlichkeits-Entwicklung

Der Film wickelt sich ab. Und Leben lebt sich aus dem, was Energie und Bewusstsein ist. Das richtet sich nicht an die Person selbst. Das hier richtet sich an das Wesen des Selbst, das sich aufmacht, der Freiheit des Selbst zu folgen und es leid ist, an den Persönlichkeits- und Leidensstrukturen zu leiden. Und sich umfänglich als das zu erfassen, was das Wesen des Selbst ist. Und sich so in deinem Wesen mit dem zu entwickeln, was es seit Ewigkeiten in sich trägt.

Ist die Bereitschaft da, sich die eigenen Inneren Prozesse anzuschauen und diese im unmittelbaren Erleben vollends geschehen zu

lassen, passiert ein Ablösen „persönlicher"
Konditionierungen und gewohnter Handlungs-
und Denkmuster. Persönlichkeitsentwicklung
ist letztlich die Abwicklung der persönlichen
Strukturen, Identitätsbilder, mentaler-
emotionaler Gewohnheiten,
Glaubensbekenntnisse, Fähigkeiten,
Neigungen, so und so zu sein... So dass die
SEINs-Qualitäten frei werden, die du als
lebendiges Wesen bist. Und das lebt sich
vollkommen praktisch.

„Die Person" fragt: Werde ich dann
„besser"...? bin ich dann zufriedener...?
Kommen meine Fähigkeiten zum Ausdruck...?
Ja, mag sein. Und vielleicht sind es auch
schöne, schöne Vorstellungen, mit denen der
Ich-Geist beständig weg will von dem was
ist, in eigener Art Opfer-Täter-Identität
steckt, statt die Möglichkeit des Moments
und die Inne-wohnenden Qualitäten des UR-
eigenen Bewusstseins zu sehen und zu
verkörpern, die du bist. Dies hier ist die
Einladung, in deiner Vollständigkeit wieder
vollständig zu dir kommen, vollständig mit
dir zu sein.

Von hier aus entfaltet sich ein Prozess, der nicht den Vorstellungen des Geistes entspricht. Und doch wird es im sich Einlassen satter und erfüllter. Denn es ist ein Einlassen auf sich selbst. Du bist in deinem Wesen vollständig und das ist in seiner Vollständigkeit beständig gegeben und das was du bist.

Einfach, wesentlich zu leben und das zu Sein, was DAS Wesen an sich ist. Hier können die Geistes-Bilder immer weniger greifen, da die eigene Präsenz umfänglicher den eigenen Lebensraum erfüllt und sich in Ihrer Fülle ausdrückt, fließt und da-sein kann – ein da-Sein, wie DU deinem ursprünglichen Wesen nach bist.

Geschieht die Abwicklung von Ich-Strukturen, macht das „der Person", dem Ego Angst, zu erlöschen und so versucht der Ich-Geist die Situation wieder und wieder von Neuem zu kontrollieren, zu kommentieren und ist versucht, das was auftaucht in Schubladen zu packen. So what… Lass es auftauchen, steig nicht drauf ein!

Spüre, sehe und erlebe, welche Energie,
welcher Raum von Bewusstsein, welche
Ursprungsqualität von SEIN bist du,
jetzt hier in deinem Wesen, wirklich?
DEM widme dich in deinem Mensch-Sein,
durch deine Bewusstheit, in dem was ist.

In diesem Geschehen von Entwicklung, vom
frei Werden und frei Sein, schau immer
wieder frisch, welche Qualität von
Bewusstsein jetzt in dir wirklich ist. Allein
im Schauen, Sehen, Erleben und Sein liegt
Möglichkeit, dass sich Möglichkeiten innerer
und äußerer Entwicklung öffnen können...

Schau nicht weg, schau dir die Gedanken-
Gefühls-Muster an. Sieh es einfach, wie es
jetzt ist. Nimm die Energie aus dem
Problem. Er-leb die Herausforderung und
spüre, pur und direkt, was du jetzt in
deiner BewusstSeins-Qualität bist.

Wenn dich etwas triggert, soll es triggern
und das verbrennen, was als Gefühls-
Energetik und Geistes-Bildern in den
Schubladen im eigenen Inneren liegt. Soll es
die Schubladen verbrennen und den, der

glaubt, darin gefangen zu sein – was auch
nur ein Geistes-Bild ist. Gewahr-Sein und
Erleben dessen, was ist, öffnet den Raum,
dass DAS Selbst im Mensch-Sein
deckungsgleich zu sich kommt, der Raum
des Bewusstseins wieder frei ist für die
Lebendigkeit und UrEssenz von dem,
was Leben ist.

DAS Leben spielt sich - spielt Mensch-Sein.

All die Fragen brauchen keine Antworten
des Mental-Affen. Die Gesamtenergetik von
Gewahr-Sein, die Leben ist, antwortet
auf sich selbst.

Absolutes Bewusstsein individualisiert sich
und ist ungeteilt in seinem Wesen.
Das, was hier liest, atmet und lebt, ist die
Verkörperung von DEM was Bewusstsein ist.
Umso menschlicher, konkreter, unmittelbarer
es wird, um so pragmatischer wird es im
Handeln und Sein.

Schau nicht weg, sieh das BewusstSein in Dir
und Erlebe die Qualität dessen. Das Leben ist

eine Einladung, die eigene Vollständigkeit
zu entdecken – zu leben und zu Sein.
Ist die eigene SEINsQualität durch deine
Bewusstheit auf unmittelbare natürliche
Weise offensichtlich im Erleben, verbrennt
das Leid und die Vorstellung, wie das Leben
sein sollte. Darin kann die eigene
SEINsQualität mehr und mehr erfasst werden.
Schönheit, lebendige Stille und Friede, das
Leben so, wie es sich gerade zeigt, erfasst
sich hier.

*

Der suchende Geist hofft auf ein Ankommen,
oder wähnt sich in einer Sackgasse – doch
Leben IST in Bewegung. Sein ist alles was ist
und ist in seinem Wesen selbst doch kein
Objekt.

Halt an, in dieser Lebendigkeit von Leben,
die du selbst bist. Mit allem, was dich
gerade ausmacht, hier erfasst es sich...
DIES Hier ist eine Einladung,
sich Dem was du bist zu öffnen.

Ankommen

Bei sich selbst anzukommen, scheint
wesentlich, um das Umherirren zu lassen,
von der Suche zu lassen und sich in seiner
Vollständigkeit, in seinem Wesen erfasst sein
zu lassen.

Ankommen, in dem was man ist, entspricht
keinem Bild. Wahrscheinlich nicht mal dem
eigenen. Es entspricht dem Puls des einen
Herzens und offenbart die Deckungsgleichheit
mit dem was IST.

Leben ist in Bewegung. Es gibt kein
Ankommen in einem objektiven Sinne. Eher
passiert es in der Bereitschaft, immer wieder
frisch mit sich selbst und den Erlebens-
inhalten zu Sein. Dies eröffnet ein Sehen und
Erleben, dass du dir Selbst nicht entkommen
kannst, weil du in deinem Wesen
ununterbrochen bist was du bist.

Die Idee des Ankommens ist mit der
Sehnsucht verbunden, endlich wieder
„Zuhause zu Sein". Das Verrückte ist nur,
du bist DAS Zuhause. Daraus entspringt die
Einladung, zu Sein was-du-bist.

DAS passiert nicht in Zeit

Frage: „Gab es eine Zeit, in der du dich bewusst mit der Aufarbeitung von belastenden Erlebnissen beschäftigt hast?"

Ich häng' mich gerade ein bisschen an der Zeit auf. Der Rest der Frage ist einfach ein Teil des Funktionierens. Gehen zu lassen, was man nicht ist, und dem einen Raum anzubieten was-man-ist. Doch DAS passiert nicht in Zeit. Die Illusion von Ich ist Zeit. Und wenn eine Art von Aufarbeiten passiert, passiert es nicht in der Zeit, eher in der Gegenwärtigkeit von LEBEN, Zeitlosigkeit, die mit und ohne Zeit sein kann.

„Da sind Zweifel beim Aufräumen am Aufräumen?"

Im Zweifel ist kein realer Wert, außer Zweiheit, Trennung und die Illusion von Ich zu glauben. Vielleicht mal den Zweifel und den Zweifler ausräumen, wenn es denn auftaucht, und es nicht mehr zu bedienen und umfänglich gehen zu lassen.

Zu Sein was-du-bist ist natürlich

Sich mit "Lösung und Problem" zu beschäftigen ist, in Problemen zu bleiben und endlos darauf zu bestehen.

Sich mit „Dualität und Nondualität" auseinander zu setzten und zu glauben, ungeteilte Wirklichkeit könnte erreicht werden, ist auf getrennt sein und Dualität zu beharren. Die ungeteilte Wirklichkeit des Selbst ist DAS was du bist.

Zu Sein was-du-bist ist natürlich, natürliches Gelöst-sein an sich und das, was Nonduales-Bewusstsein in seinem Wesen ist. Dies ist ununterbrochen und grundlegend gegeben. Und DAS bist du.

Da ist kein ich,
was wegfallen kann

*Frage: „Ich habe Angst, dass meine Person,
mein kleines Ich wegfällt. Und so warte ich,
bis das Sein das selbst auflöst. Und merke,
dass es für mein Nervensystem zu viel ist."*

Der Punkt, wo du sagst, es ist zuviel, da löst
sich die scheinbare Identifikation. Und das
Paradoxe ist, dass kein kleines Ich wegfällt.
Weil es kein kleines Ich gibt. Du bist da und
kein kleines Ich.

Ich geh nochmals auf den Satz ein, „ich
warte, bis das Sein es selbst auflöst".
Na ja, du bist SEIN und in dieser
Deckungsgleichheit mit dir Selbst, wo Form
und Leere identisch sind, Sehen und Sein
identisch sind, musst du nicht auf das Sein
warten. Sein ist das, was ununterbrochen
wirkt. Sein ist das, was sich selbst lebt.

Und sollte ein scheinbares Ich im Sterben
liegen, sei gut damit, entspann dich.
Verabschiede dich von einem alten Freund,
in dem, was Lebendigkeit ist, verabschiede

dich von 'ner alten Geschichte, die in sich rund und satt ist.

So denkt das der Verstand, dass das kleine Ich sich auflöst. Das kleine Ich ist im Grunde auch ein Bild des Verstandes und versucht sich dann mit einer Art Prozess aufrechtzuerhalten. Der auch nie aufhören würde. Das Auflösen würde nie aufhören. Der Glaube daran fällt einfach weg - die Verbindlichkeiten, jemand und etwas zu sein, verblassen. Das gibt es nur noch im praktischen Sein und Handeln.

Schaut doch hier in dieser direkten Erfahrung: Gibt es da ein Ich? Gibt es da ein reales Ich? – Maximal sind es Gedanken, die vorbei kommen oder ein stilles Wahrnehmen. Ein Ich ist da drin keines zu finden.

Gibt es Körperempfindungen, Körpererleben. Wenn das angeschaut wird: Gibt es da drin so etwas wie ein Ich? Oder einfach ein Körper, der pulsiert, der lebendig ist?

All dieses Drama des Erwachens, des kleinen Ichs – was ist das? Emotionale Gedanken,

Gedanken, die mit Emotionen aufgeladen sind. Das gibt kein Ich, was Emotionen erzeugt. Es gibt Emotionen. Emotionen, die sich vielleicht mit Gedanken verbinden und Energetik aufmachen. Die dann zu einer Geschichten gemacht werden oder nicht. Mit und ohne Geschichte ist da kein Ich drin. Mit und ohne Ich-Erleben ist da kein Ich drin. Vielleicht ist in dir so etwas wie ein Ich-Erleben, dann schau das doch jetzt einfach mal an. Schau das Ich-Erleben einfach an. Spür das. Sei damit in Berührung. In diesem Ich-Erleben wird es kein Ich geben. Und somit gibt es auch kein Ich, was wegfallen und sich auflösen könnte.

In meiner Welt gibt es kein Ich. Das ist eine Tatsache, die auf die Gesamtheit von Bewusstsein und auf jeden Organismus zutrifft. Der Widerspruch könnte vielleicht sein, dass hier jemand sitzt und den Eindruck hat, dass er damit identifiziert ist. „Ich habe ein Ego oder ich habe ein Ich." Nein, dann ist der Ich-Gedanke sozusagen wie verbunden mit dem Körper, mit den Gefühlen oder dem Verstand. Und das

suggeriert, ich habe ein Ich. Nee, das ist einfach wie so eine Grundidentifikation.
Sollte es das geben, schau da rein. Schau dir das an, da ist kein Ich drin. Das ist wie, wenn du einen Krampf im Fuß hast. Das ist eine energetische Kontraktion oder Verbindung. Das passiert spontan und von selbst und so hört es wieder auf.
Aber Ich ist da keines drin, was wegfallen kann oder was sozusagen scheinbar existiert. Identifikation hat auch keinen Besitzer, und es ist das, was vom Bewusstsein gelebt wird. Wenn der Ruf nach Befreiung in deinem Organismus gehört wird, dann ist es leicht. In diesem Ruf nach Freiheit zu sein, da drin zu verweilen, ist bereits Freiheit und das, was Befreiung ist.

„Ich hab den Körper wieder mit dem Ich verwechselt."
Das ist cool, in so einer simplen Erforschung mitzukriegen, dass da eine Verwechslung ist. In der Verwechslung ist auch kein Ich drin. Gott oder Bewusstsein, was sich scheinbar mit dem Körper identifiziert.

Wenn du das ernst nimmst, ist da so eine Art von Bedauern drin. Oder es hält dich an, und es passiert wie Vergebung. Das heißt, du gibst die Verwechslung zurück.

Oh, ich habe es lange genug verwechselt.

Ich habe festgestellt, dass ich mich in der Verwechslung nicht verwechseln konnte aus der Einfachheit heraus, dass ich immer ich selbst bin.

Das was du bist, bist du ununterbrochen. DEM vertrau dich an. Mit Verwechslung hast du nichts zu tun. Das ist das, was vorbei kommt. So kann das Vergeben abgegeben werden. Du hast dich geirrt, doch es gibt keine Irrtümer, denn es lebt sich so in diesem Moment – und das eröffnet die Kapazität, das zu Sein, was der Moment selbst ist.

Es gibt ein funktionales Ich im Bezug zum Körper. Lass es einfach funktionieren. Lass es aus sich heraus wirken. Das kann dann manchmal interpretiert werden wie eine Verwechslung. Vielleicht ist es einfach die Deckungsgleichheit von Sein, die sich durch sich selbst bewegt, und als Mensch-Sein lebt.

„Ja, jetzt passt es. Ich brauche gar keine Angst zu haben. Schon passiert. Super. Danke."

Weiß nicht - das, was du bist, passiert nicht. Du bist es. Der Körper-Verstand darf Angst haben. Wenn er Angst hat. Die befreit von dieser ängstlichen Identität und der Angst selbst.

Das was jetzt passt, passt morgen nicht mehr oder in drei Wochen. Das was du bist, braucht es nicht, ob es passt oder nicht passt. Das was du bist, braucht keine Abwesenheit von Identifikation oder eine Anwesenheit von Bewusstheit und Bewusstsein. Maximal ist es Angstlosigkeit, die auf sich trifft oder Freude. Wenn Demut sein kann, dass jeder Erfahrungsinhalt erlebt wird, ist Freude. Da, wo Angst drin ist, wenn das sein darf, ist Angstlosigkeit. Die Erfahrung des Erlebens kann komplett da sein, und es befreit sich aus sich selbst heraus, weil das frei ist.

„Wenn Atman, das Absolute allein existent ist und es Ich IST, wo ist eine transzendente Wahrheit, wo ist Glückseligkeit, wo Wissen, Weltliches oder Spirituelles?"

(Dattatreya – Avadhuta Gita)

ICH ist das Selbst

Es gibt kein reales Ich. ICH ist das Selbst

Frage: „Klar gibt es ein Ich: Ich verstehe das immer nicht. Ich bin hier."

Na klar, aber was ist das Ich-bin-hier? Ich fühle das auch sehr substanziell, erleb das, spüre das Ich-bin-hier. Gibt es in diesem Ich-bin-hier ein Ich? Ich bin hier, immer, das ist DAS Selbst. Gibt es in diesem Selbst-Erleben ein Selbst?

Das, was du erlebst, ist das, was Erleben ermöglicht und es ist das, was du bist.

„Ich fühle das dermaßen dicht das Ich-bin-hier."

Ja, das, was du erlebst ist die Ich-bin-heit und aus dem kannst du nicht entgehen. Manchmal taucht in der Ich-bin-heit sozusagen der Wunsch auf, im Ich-bin zu verweilen. Du kommst aus dem Ich-bin nicht raus. Ich-bin ist Bewusstsein und das bewegt sich durch sich selbst.

„Wie könnte man das bemerken, dass es kein Ich gibt ohne Ich zu sein?"

Was es bemerkt, ist das Bemerken selbst. Im Bemerken ist kein Ich drin. Interesse, Aufmerksamkeit, Bemerken, Bewusstheit, Gewahrsein ist das, was Wahrnehmung ist. Da ist kein Ich drin – das geglaubte Ich ist einfach nur eine Art Fata Morgana. Der Glaube da wäre eine Oase, und dem hinterher zu laufen, das ist fatal, denn in dieser Oase kommst du niemals an. Wasser, was dich satt sein lässt, gibt es dort auch nicht. Das ist nur an der Quelle zu finden. An der Quelle gibt es Wasser und die du bist Selbst.

Durch die Funktionalität des Verstandes wird bemerkt und das Gewahrsein dessen macht offensichtlich, da ist kein Ich drin.

Das erste Ich ist Gewahrsein. Das ermöglicht Selbsterleben. In diesem Selbsterleben ist kein Selbst. Da ist nur DAS was Selbst ist.

Im Ego ist auch kein Ego

"Als ich heute früh wirklich erholter als nach irgendeiner Nacht in den letzten vier Jahren aufwachte, kamen Zweifel, ob nicht das Ego wieder etwas zum Machen bekommen hat mit der inneren Arbeit? Weißt du, was ich meine?"

Ja verstehe, doch „das Ego" scheint ein Teil des Menschen zu sein. Im Ego ist - im besten Fall und tatsächlich auch kein Ego. Darf es sein, wie es ist, verliert es seine scheinbare Übermacht.

Das Problem ist nur, dass es die Show zu bestimmen scheint, oder dass es weg sein sollte. Kann es da sein und du bist bei dir, hat es fast keine Bedeutung mehr. Wird sogar eher beitragend als sinnvoller Aspekt unseres Mensch-Seins integriert, der im Herzen dem Selbst hingegeben ist; und darin verschwindet, weil es in der Wirklichkeit nicht ist.

Hierin finde ich wieder umfänglich zu mir

Frage: „Im der letzten offenen Session sprach ich das Thema an mit den Schmerzen in der Hüfte. Ausgelöst durch Strukturen auf der Arbeit, die mich wütend machen und mit persönlichen, karmischen Strukturen in Resonanz gehen. Meine Frage ist, was ich an dieser Stelle machen kann, um an diesen Punkten weiter Freiheit zu realisieren, statt in Schmerz und Leid zu stecken.

Was kann ich machen bei scheinbar grundlosem Schmerz und wenn „Programme" einen überfluten?"

Ronny: Die Basis ist, immer wieder erst einmal die Gesamtheit der Erfahrung zu spüren. Es erst mal ganz sein lassen, wie es in seiner Unmittelbarkeit da ist. Die Erfahrung im Erleben ganz auftauchen lassen, spüren und schauen, welche Information ist damit verbunden – also der erste spontane Gedanke, der erste bildhafte Impuls… und dann dort bleiben und de-fokussiert spüren. In einem Bemerken, welches Gefühl da drin ist, und wenn es noch so zart ist, es ganz fühlen und spüren ohne ein Drama, eine Geschichte daraus zu machen.

Die erste Information dazu ist das Spüren der Geschichte und all der Schichten von Energetik. Befreiung passiert dann Geschichts-los im Erspüren all dessen, was auftaucht bei dir. Hier lass alles gehen, was du nicht bist, und nimm deine Energie, dies was du bist, umfänglich zu DIR. Erlebe, bis die Geschichte erloschen ist und Bewusstseins-Qualität zum Fließen kommt.

Das wesenhafte, ungefühlte Gefühlte und unterdrückte, festgehaltene Energie sind das, was bindet und in Karma-Strukturen und ihren Auswüchsen hält.

Mit der Gesamtheit der unmittelbaren Erfahrung spürend da zu sein, löst Identifikation, Gewohnheiten… und eröffnet immer umfänglicher die Fülle des Seins in uns. Diese Sicht auf uns Selbst und die

Existenz machen uns zu Anfängern, wie es so schön heißt „Zen Geist – Anfänger-Geist"

Diese Ausrichtung des wachen Spürens und Erlebens macht langsam aber sicher frei von den eigenen Konditionierungen, den Gewohnheiten, dem Ich und lässt immer umfänglicher getragen sein im eigenen lebendigen ungeteilten-Sein.

„Leid sein lassen? Schwer. Ich kämpfe immer wieder dagegen. Leid als Grundgefühl, ohne wirklich Äußeres?"

Die Schwere ist nicht deine, lasse sie gehen, dahin, wo sie wirklich hingehört. Nimm in dir wahr, was wirklich leidet. Auch wenn es herausfordernd sein mag. Das bietet Chancen und Möglichkeiten, noch umfänglicher bei sich anzukommen. Leid, oder was wir als dieses bezeichnen, hat eine natürliche Schwere. Statt dagegen zu kämpfen, nimm dir einen Moment, all die Energie, die du ins Leid investiert hast, zu dir zurückzunehmen. Deine Präsenz und die Intention genügen. Da schaue, spüre in der Stille deines Hierseins, was passiert.

Energie, die schwer ist, ist unwahr,
festgehaltene Gedanken, Gefühle, angestaute,
tote Energie. Die Qualität unserer wahren
Natur trägt immer den Geschmack von
Leichtigkeit. Nimm den Satz: „Ich entlasse
die Felder des Leides und alles in mir, was
daran festhält. Und nehme all die Energie,
die ich ins Leid investiert habe, zurück an
den Ort in mir, wo sie wirklich hingehört.
Hierin finde ich wieder umfänglich zu mir"

Damit sei einen Moment und lass das
wirken.

*„Wow, da passiert was. Als würde ganz viel
gehen, was mein Erleben überlagert hat."*

 Ein erster Schritt, an diesem Punkt. Gern
immer wieder mal mit diesem Satz, dieser
inneren Haltung sein, wenn es sich so
anfühlt. Und wenn es für dich passt, du
allein nicht weiter kommst, Inspiration und
Unterstützung suchst, lass uns in einer
Einzelsession differenziert schauen.

„Sehr gern."

Genau das, was da ist

Genau das, was da ist, ist das optimale Paket
aufzuwachen, immer umfänglicher, immer
und immer wieder.

Dem, was erlebt werden kann, dem widme
dich bildlos in dir.
Alles, was dir zu viel ist, zu intensiv
erscheint, trägt die Einladung in sich
anzuhalten, ganz da zu Sein und vollständig
aufzuwachen, zu DIR.

All die Eindrücke, Gedanken, Gefühle und
Körperempfindungen laden ein, umfänglich
anzuhalten und mit dem was ist zu sein.

Es ist eine Einladung zu sehen, zu sein
und gehen zu lassen, was du nicht bist, und
dich immer umfänglicher zu empfangen. Und
manchmal sind es auch Bliss und Frieden,
die den Verstand nach einer Weile richtig in
Trouble versetzten. Denn was ist der Ich-
Geist ohne seine Probleme?

Dieses vollkommene SEIN mit dem was ist ohne irgendwo reinzugehen, ohne sich dem, was gerade da ist, zu entziehen und kompromisslos mit der Intensität des Erlebens zu sein, lässt die Identifikation und all die Vorstellungen des Geistes in DIR sterben. In diesem Sterben bei lebendigem Leibe, in dem die psycho-mentale MärchenWelt zerfällt, erhebt sich das Gewahrsein der Seligkeit in der Möglichkeit, umfänglich NEU-Geboren zu werden, in der Gewissheit zu SEIN was-du-bist.

Lass geschehen, was geschieht
und sei still mit dem was ist,
und der Sog des eignen Selbst
wird dich erfassen.

Es geht um nichts...

Das Schöne ist, es geht um nichts, um
absolut gar nichts. Und in dem es um nichts
geht, geht es um alles. Um das Wissen, dass
du lebst, dass du existierst. Um das reine
Erleben deines Erlebens. Um das reine
Erleben von dem, das man dein Leben nennt.
Und wenn wirklich der Fokus da ist,
verschwindet dieser Eindruck, dass es dein
Leben ist und gleichzeitig wickelt es sich auf
eine wunderbare und leichte Weise ab.
Es spielt sich, wie es sich spielt. Und ist sich
selbst Beitrag - Bewusstsein, was auf sich
trifft, offensichtlich. Das kann immer wieder
geschmeckt werden, das ist simple
und einfach.

Für das, dass es sich vollständig erfasst,
kannst du scheinbar nichts machen.
Die maximale Brücke: dich dir selbst
hinzuwenden, dich zu spüren, dich zu
bemerken. Vollständig mit dir selbst zu sein,
ohne was raus halten zu müssen.
Da drin erfasst es sich, weil gesehen und
erlebt wird, dass es nicht anders sein kann.
Mit allem, was da drin auftaucht. Hättest du

wirklich die Wahl, würde sich das Leben so nicht abwickeln, wie es in seiner Spontanität passiert.

Und hast du den Eindruck, dass du die Wahl hast oder hättest, oder haben könntest, ist es auch nur ein Erlebens-Eindruck, auch nur eine scheinbare Erfahrung. Du kannst sogar die Erfahrung machen, dass Einheit erlebt wird. Und wenn es 'ne Erfahrung ist, lässt sie sich wieder in Freiheit zurück, lässt sich wieder in Vielfalt. Geht wieder erneut in Suche auf sich selbst. Das, was wahrnimmt und Wahrnehmung ermöglicht, ist Einheit und trifft in jeder Facette von Sein auf sich selbst.

Beiläufig kann entdeckt werden, dass es ein reales Ich niemals gab, hier und jetzt nicht, in der Vergangenheit nicht, in der Zukunft nicht - Lebensenergie, Bewusstheit, die durch den Organismus passiert. Der Organismus taucht im Bewusstsein auf und der Körper-Verstand-Organismus ist mit 'ner Art von Funktionieren ausgestattet. Es läuft von sich. Umso mehr das einfach passieren darf, umso unmittelbarer wird erfasst, dass da kein Handelnder ist. Und dieses Erleben hat

keinen Besitzer. Du bist das Erleben.
Da ist nicht: „ich hab's verstanden, ich weiß
es". Du bist das Wissen und das Verstehen.
Du bist Bewusstsein, das auf sich trifft.
Da gibt es keinen Ausgang; in jeder Facette
von Sein lebt sich das, was Sein ist.
Und nur, weil sich der Körper-Verstand-
Organismus individuell „persönlich" anfühlt,
ist es immer noch das ungeteilte Bewusstsein,
was sich durch sich selbst lebt, sich auf die
Bühne des Lebens gebracht hat
und sich spielt.

Kein Fehler

Es gibt keine Fehler – es gibt nichts als Fehler.

Der unbekannte-Seher ist die Quelle allen Seins - DU BIST DAS, was Wirklichkeit ist.

Hingabe beginnt in der Unmittelbarkeit des HERZENS und hat kein Ende.

DAS Selbst ist Nicht-Kontinuität. So wie das Selbst ewig und unveränderlich ist, so ist auch der Prozess der Veränderung beständig. Nichts besteht ewig, und Nichts ist nicht gegeben.

Samsara ist, zu glauben, die Anderen wären falsch oder ich selbst wäre falsch. Alles, was sich wandelt, ist falsch. Nur DAS Selbst ist unverändert, alles andere kommt und geht.

Im Grunde gibt es keine Fehler - alles ist an seinem Platz. Jetzt, so wie es ist.

Sei einfach still, liebend mit dem was ist.

Dies wird „die Welt" nicht wirklich beeindrucken. Sie ist das was sie ist; eine Vorstellung von einer Vorstellung über eine Vorstellung von Vorstellungen.

Im eigenen Selbst zu Sein, offenbart DAS, worauf das Wort Selbst-Liebe ursprünglich hindeutet.

In Deckungsgleichheit mit dem zu Sein, was HERZ ist, lässt dich in der Stille des Herzens-Selbst SEIN was-du-bist.

Ohne

auf vorgefasste Meinungen,

Second-Hand-Wissen

oder Erfahrungen von Gestern zuzugreifen;

WER bist du?

Lass den Geist ins Herzen sinken,
Sei ganz HIER

und erlebe das unmittelbare Sein.

Dem vertraue dich an, sei mit dem was ist.

Sei das was du bist.

Lebendige Erforschung

Alles Erscheinende ist in seinem Wesen Illusion – doch das Leben in seinem Erscheinen als Illusion abzutun, statt es zu durchdringen, vollständig da-sein zu lassen, kreiert einfach das nächste Konzept, von „alles Illusion (alles Bewusstsein…)", was der Geist verwendet und so einfach ein neues Lable hat, was er dann verwendet, statt vom Geist-haften abzufallen und DAS zu Sein, was Bewusstsein und Substanz in seinem Wesen ist.

Im berührbaren Sehen und Sein geschieht Befreiung in DAS, was Freiheit ist. In der Stille geschieht Befreiung in DAS hinein, was Stille ist. Es bleibt nur DAS, was das Selbst ist und kein Selbst hat. DAS Eine bewegt sich durch sich selbst, ist und bleibt unbewegt DAS was es ist. Hier, in der Gesamt-Energetik des SEINs erfasst es sich.

Dieser intuitive Eindruck, dass nur SEINs-losigkeit ist, dass alles Erscheinende Illusion ist, ist nichts Fremdes, ist letztlich jedem nah, weil es von Natur aus gegeben ist.

DAS zu sein, ist die Bereitschaft und die Gnade, die Gnaden-los alles fallen lässt, worin nur DAS bleibt was SEIN ist.

Lebendige Erforschung kann nur hier passieren in dem, was passiert und IST, im Spüren, Erleben und Sein. In der offenen Frage „wie ist es jetzt wirklich? Und, Wer bin ich?" ...und DIES zu Sein

Das Leben mit allem, wie es sich vollzieht kann nicht umfänglich verstanden werden.

So ist es wesentlicher, am Punkt der Berührung zu bleiben und „mein Leben" der Energetik der lebendigen Inneren Präsenz zu überantworten. Im existenziellen Erleben geschieht dann auch ein Verstehen, doch mehr in dem Sinne: Ganz darin zu stehen. Und DAS zu Sein, was du in deinem Wesen, in deiner Wesensnatur bist.

Alles ist vorübergehend

Die Unbeständigkeit aller Phänomene wahrzunehmen ist wesentlich, um sich von Wahrheit und Wirklichkeit mit deinem ganzen Sein erfassen zu lassen.

Da braucht man sich nichts vormachen, die Vergänglichkeit von allem zu erleben, ist immer wieder schmerzhaft ...und erleichternd, dass nichts von Bestand ist.

Natürlich ist es wunderbar, in Frieden zu sein und weil es erfahrbar ist, ist es vorübergehend und vergänglich – an diesem Punkt können wir zu wirklicher Hingabe kommen, die eine Qualität unseres ursprünglichen Seins ist.

Befreiung ist zu sehen, dass all die Vorstellungen über uns selbst, die Welt und das, was Wahrheit ist, zerfallen. Alles Erfahrbare kommt und geht. So what...

Bleib einfach lebendig, berührbar mit dem was ist.

Selbst-Liebe ist bedingungslos
und erfährt sich im reinen Herzen
als DAS, was es ist.

Suche nicht woanders, warte nicht...
Denke nicht gestern, morgen, oder nachher...
Die Zeit ist reif, Time is NOW.

Halte Dich nicht für besser oder weiter,
halte Dich auch nicht für schlechter oder
unwürdig. Halte Dich auch nicht für
gleichwertig – so nach diesen Ideen „wir
sind alle Eins...", „Wir sind schon er-
leuchtet", "wir sind doch alle Menschen"...
Das sind alles Ideen, Vorstellungen des Ich-
Geistes. Vergleiche gar nicht!

SEI einfach, was-du-bist und DAS Selbst
tritt offensichtlich aus sich Selbst hervor.

LEBEN so-wie-es-ist

Für deine Vollständigkeit musst du nichts tun, weil du in deinem Wesen Vollständig bist. Sei einfach da. Öffne dich dir. Sei dir deines ewigen liebenden Wesens gewahr, das du bist. An dieser Stelle gibt es nichts zu tun. Das ist die Herausforderung. Sei einfach – lass die inneren Mechanismen, die aus sich heraus wirken und im Hamsterrad halten, in die Leere laufen. Sehe und erlebe. Lass geschehen, was geschieht, und sei ganz-da.

Eine gemachte, äußere Disziplin hat an dieser Stelle keinen wirklichen Nutzen, denn diese baut im Grunde nur auf mental-emotionalen Strukturen, den Konditionierungen des Ich-Geistes, auf. Vollständig-Sein, wie Rumi es formulierte: „Ich sehe, wie undiszipliniert ich bin. Ich sehe mein Gift, mein Sein, meine Macht, meine Liebe." Das Sei... aus einer Hingabe, einer Liebe für DAS, was größer ist als du. Dies mündet in deiner Vollständigkeit von stiller Freude, Handlungs-Präsenz, Entschlossenheit und wortloser Akzeptanz. Kurz um, LEBEN so-wie-es-ist.

Akzeptanz kann nur total sein und schließt alles mit ein. Darin verschwindet die Instanz, die akzeptiert oder nicht akzeptiert, und du bist das, was du ununterbrochen bist.

Höre auf, dir die Dinge schön zu reden oder konzeptuell zurechtzulegen. Schau hin, erlebe das, was Leben ist, wie es sich zeigt, und lebe. Just simple...

Wenn du lebst, lebe!

Wenn du Schmerz erlebst, erlebe Schmerz. Wenn du in Stille sitzt, dann sitze in Stille mit dem was IST und lass sich die Dinge vollziehen.

Wenn du stirbst, stirb!

Wenn du in Freude bist...... tanze mit dem Leben. Sei die Freude. Der Tanz des Lebens geschieht in der Abwesenheit von Tanzschritten. Es ist ein Sich-Einlassen und Fließen mit dem, was ist .... Es geschieht aus dem Inneren heraus und eröffnet Vollkommenheit in dem, wie es sich vollzieht.

Nichts, an dem man wirklich festhalten kann! Alles unterliegt dem Wandel.

Es ist die Abwesenheit von Beschreibung, die das ist, was Freiheit ist. Darin gibt es weder ein Problem mit dem, was sich zeigt – noch findet sich ein Vorteil, den man für sich selbst vereinnahmen könnte. Du Selbst bist nicht. Da ist nur DIES ungeteilte-SEIN, was sich so erlebt und in sich selbst kein Objekt ist.

Spüre und erlebe, darin darf alles passieren und in seiner Vollständigkeit sein, wie-es-ist.

Es gibt Ideen „wenn ich mich unwohl fühle, stimmt etwas nicht", „wenn der Verstand am Rennen ist, ist das Ego am Werk", „wenn etwas nicht läuft, wie ich es mir wünsche, dann sind es unbewusste Dynamiken." Ja, das mag vielleicht sein... vielleicht ist es auch einfach das Los des Geworfen-seins, ...der Lauf der Dinge, so wie das Leben sich aktuell vollzieht. Lass es sein, wie es ist. Auch „der Trouble" will nach Hause kommen – dies kann nur hier im unmittelbaren Sehen und Erleben stattfinden. Problem-Vorstellung oder Seins-Ideen, beides kann die Welt der Geistes-Vorstellungen füttern.

Verlass den interpretierenden Geist und Sei
vollständig hier...

...in der Unmittelbarkeit des Sehens, Erleben
und SEINs, was ohne Zweites ist.

Aus sich heraus passiert ein wort-loses Sich-
Anvertrauen und ein beständiges Erfassen
von DEM, was DU ununterbrochen in der
Vollständigkeit deines Wesens bist.

Ohne Anstrengung

Total still, ohne Anstrengung…
einfach, weil es ist.

…und eine Frage erscheint,
ganz aus sich heraus.

Und die Frage
trägt bereits die Antwort
in sich!

In Dir ist die Antwort
auf das, was sich zeigt,
die Antwort auf DAS was ist.

Damit zu Sein,
das ist die Stille,
zu Sein was-du-bist,
wo nur das Selbst ist.

Und alles, was erscheint?
Kommt und geht,
aus seiner Grundlosigkeit,
die Sein an sich ist.

„Wenn wahres Erwachen eintritt, verschwindet jedes Gefühl des Seins. Sogar das Gefühl, das Selbst zu sein, verschwindet."

(Sri Siddharameshwar Maharaj)

Die Illusion

Die Illusion liegt in dem Glauben, dass es überhaupt so etwas wie Realität gibt. Alles, was erfahren wird, ist beständig vorübergehend. Da ist nichts, was eine substanzielle Realität hat.

Auch wenn es ein guter Hinweis ist, selbst das viel zitierte „Jetzt" geht im Tiefschlaf vollständig abhanden. Nichts, was da zu greifen ist. Wird das erforscht und entdeckt, wird gesehen und erfasst: ich selbst bin DAS, was Wirklichkeit ist – doch DAS ist kein Phänomen.

DAS was ich bin kennt weder Illusion noch Realität - die eine substanzielle Wirklichkeit hat. Im Tiefschlaf wird die Welt und das Ich nicht vergessen. Nichts, was da verloren ist. Im Wachzustand ist nichts, was gewonnen werden kann. Genau SO kannst du alles vergessen. Das ist Freude an sich.

Vor- und Nachteile gibt es nur in den Vorstellungen der Objekte, des denkenden Geistes, genannt Ich. DAS ist immer vollkommen, vollständig, DAS was-es-ist.

Der Traum löst sich auf

...der un-persönliche Traum löst sich im Un-bewegt-Sein des Selbst auf.

Eine andere Perspektive hierzu... Im ganz mit mir sein, lösen sich die Bilder und Vorstellungen über mich selbst und die Welt.

DAS was SEIN ist, trifft ausweglos auf sich.

Es läuft natürlich ab...
man muss sich keine Sorgen machen.
Der Geist fragt immer wieder „und dann?"
um ein Ziel zu haben, wo er ankern kann,
ein scheinbares Ankommen, ein Haben und
Erlangen von „was auch immer".

Dies „und dann?" ist auch die Frage nach Kontrolle, dass man den roten Faden behält. Man kann den Faden verlieren und sehen, dass sich das Leben in seiner Vollständigkeit ungeteilt und ununterbrochen lebt.
Nichts, woran du halten kannst.
Dem, was Vollständigkeit ist,
vertrau dich.

Da ist keine Kontrolle, und auch keine Kontrolle, dass Kontrolle erscheint. Da erscheint einfach etwas, was durch die Gesamtheit des Lebens passiert und sich so zeigt und sich lebt, wie es sich lebt.

Wenn es gegeben ist, gib den Kontrollzwang auf. Und sei mit dem SEIN, was in sich identisch ist. Hierin verblasst der Eindruck des persönlichen Traums. Und DAS Selbst trifft unweigerlich auf sich Selbst.

Es ist die natürliche Vibration

Du sagtest: *„Das braucht man echt nicht."*

JA, meine Frage dazu: Ja, was brauchst du, was willst du dann?

„Freiheit und Freude."

Freiheit und Freude sind in dir. Spürst du das? Es ist die natürliche Vibration im Spüren selbst.

Ein anderes Wort für Freiheit oder Freude ist Liebe.

Es liegt an dir, damit zu sein...

Wenn du dies Gute-Schöne in dir ehrst, darin verweilst – immer wieder einen beständigen Moment – wird es in dir wurzeln und wachsen. DU wirst darin wurzeln und wachsen, in dich und über dich hinaus. Es passiert im Mit-dir-selbst-sein.

Die Dinge mögen vielleicht zeitweise gegen dich sein... Es liegt an Dir, anzuhalten und die Freiheit zu schmecken – es liegt an dir, gut mit DIR zu Sein. Schön, dir zu begegnen. Schön, das du bist.

Frage: „Hier wird auch gerade gelitten über ein Familienthema. Und das Leiden wird immer subtiler."

Leiden kannst du nur in dem, wo der Organismus festhält. Könnte interessant sein, das transparent zu machen, woran festgehalten wird.

„Mein Sohn baut ziemlich Scheiße. Hier ist eine Idee, ihn retten zu wollen."

Das ist keine Idee, das ist eine Identität.
Das ist ein subtiler Persönlichkeitsaspekt, der glauben lässt, jemand und etwas zu sein im Bezug zur Welt. Du und dein Sohn kann nur erscheinen, weil du bist. Da ist Sehen und Sein, da tauchst du auf, da taucht der Sohn auf und das, was man die Welt nennt.
Wenn da eine Art von Retter-Identität ist, ist es ein subtiler Glaube, entweder Opfer zu sein oder Täter, und das wieder gutmachen zu wollen.
Der Sohn, und die Welt, inszeniert Drama, immer und immer wieder, bis dir das wichtiger ist, was DU bist. Und vielleicht hört er dann auf, *schmunzeln*.

Wenn du wirklich zurück kommst zu dem, was du bist, und stille Anwesenheit und Lebensenergie von Bewusstsein mehr wertschätzt als die Scheiße, die so auftauchen kann, löst sich das Drama.
Die Drama-Queen ist verschwunden.
Lebendiges Sein bleibt als DAS was Freude ist.

Mit Scheiße kann man nichts machen.
In der Regel ist auch in der Scheiße kein Gold zu finden. Abspülen, sich saubermachen. Sehr einfach.

An so einer Stelle kann sich das anfühlen, als würde ein Aspekt von Person, die Person selbst sterben. Lass es passieren.

Ramana wurde 'mal nach Methode oder Sadhana gefragt. Das Einzige, was er gesagt hat: „Gehen Sie den Weg, den Sie gekommen sind."
Die ganze geglaubte Realität, wo der Eindruck war, dass das mein Leben war, dieser gesamte energetische Ablauf passiert einfach, rauscht an dir vorbei. Und alles, was du geglaubt hast, erlebt zu haben,

glaubtest zu sein, rauscht an dir vorbei. Du bist es was Selbst ist. Du bist es was Quelle ist. Für das gibt es keinen Weg, kein Nachhause-gehen. Und dennoch scheint es sich abzuwickeln.

Das Leben ist eine Einladung, das zu Sein, was die Lebendigkeit von Leben ist, einfach du selbst zu sein und dein Ding zu machen. Wenn der Sohn sieht, dass du dein Ding machst, hat er vielleicht auch Freude daran, sein Ding zu machen, sich selbst zu Leben und zu Sein.
Ja, wo du einfach du bist, da gibt es kein Motiv mehr. Da ist einfach Leben, was sich lebt und auf sich trifft. Durch das Sein und Handeln öffnet es das, was Freude macht, das was Freude ist.

Sei einfach mit Dir

Kämpfe nicht gegen das, was gegen dich
zu sein scheint.

Sei mit dir - DEM was dir gut ist, DEM was
Sein ist. Lass sich alles voll-kommen
vollziehen, alles...

... und Sei DAS was-du-bist.

Ganz simple,

Sei einfach.

Das torlose Tor zu DIR Selbst,
ist zu Sein wie-du-bist.

Nicht an sich oder der Welt
basteln zu müssen –
einfach zu Sein
wie-du-ist.

Der arme Samariter

Frage: Ich scheine manchmal gegen mich selbst zu arbeiten. Wie finde ich den Mut, nicht gegen mich, sondern für mich zu arbeiten?

Und was mache ich im Moment der Realisation?

Ronny: Es gibt keinen Moment der Realisation. Realisation hat nichts mit der Zeit zu tun. DAS Selbst interessiert sich nicht für Momente. Momente der Realisation kommen und gehen.

Und was machst du im Moment der Realisation? - schnell dagegen arbeiten. Weil es in der Realisation keine Zeit gibt, kein Ich, keinen Moment, keine Gegenwärtigkeit. Das, was du im Moment der Realisation machst, ist das, wo du eh nicht arbeitest. Da, wo es dem scheinbaren Ich zu viel wird, da arbeitest du dagegen.

In welcher Branche arbeitest du denn?

„Bei den Samaritern. Ich rette die Anderen und meine Welt und hab anscheinend Angst, den falschen Weg zu gehen."

Damit gehst du einen falschen Weg. Gut, dass es keinen gibt. Mit der Angst, den falschen Weg zugehen, wirst du scheinbar einen falschen Weg aufmachen. Gott sei Dank, dass es keinen richtigen und falschen Weg gibt.

Retter-Identität. Du glaubst dich als Täter oder Opfer. Opfer der eigenen Unbewusstheit.

Gut, dass du das nicht gewählt hast. Gut, dass es die Gesamtheit von Leben ist, die sich durch dich lebt.
Und wäre es eine unbewusste Täteridentität, würdest du glauben, Täter zu sein, wäre es dasselbe. Es ist nicht deine Tat. Und es ist das, was dich vom Handeln oder Nicht-Handeln befreit.

Wege gibt es nur im Traum. In der Wirklichkeit-Selbst gibt es keinen Weg. Wege sind immer da, wo du ein scheinbares Ziel hast.

Realisation hat keinen Weg. Vielleicht hast du eine Praxis oder ein Sadhana. Sadhana ist in seinem Wesen ohne Methode, ohne etwas, was du ausführen kannst. Das ist deckungsgleiches Sein, direkte Einsicht – das was Sein ist.

Im praktischen Kontext könnte man sagen, Praxis ist das, was du praktizierst: Kaffee trinken, Meditieren, Mantra, Youtube schauen... Oder du bist entsagend, im Bezug auf den praktischen Körper... Wenn da jetzt 'ne Vorstellung vorbei kommt, es sollte anders sein, ich bin nicht an deinem Weg interessiert. Gib die Wege auf - lass den Weg gehen und sei. Das ist dein Job, nicht meiner.

Wie lange willst du denn noch die falschen Wege abkaufen? Alle Wege sind falsch. Jede Antwort darauf ist falsch, illusionär, vorübergehend, unwirklich.

Geglaubte Gedanken, die keinen Besitzer haben, fallen unmittelbar weg. Gedanken, die nicht geglaubt werden, sind wie Wolken am Himmel. Tauchen auf, verändern sich, ziehen vorüber.

Opferidentität. Dann wirst du als Opfer sterben, sei fertig damit. Sei halt endlich mal Opfer, anstatt andere retten zu wollen, und lass das Opfersein sterben. Keine Opferinszenierung und die 1000fachste Wiederholungsschleife dessen. Sei einfach Opfer. Opfere das scheinbare Ich, dass sich selbst und die Welt retten will.

„Ich fühl mich als Opfer meiner Handlungen, des Verstandes, der Welt"

Macht auch nix. Die Opfer-Identität stirbt, wenn sie nichts mehr macht – weil sie hingeben ist.

Der Verstand sagt, es sollte anders sein. So what...

Schau mal von dem, was schauen ist.
Schau von dem, was dein Wesen ist.
Indem, dass es kein Problem in sich trägt,
löst es sich aus sich selbst heraus.

Der Verstand denkt, ja wenn es kein Problem
ist, da wird es ja ewig so weiter gehen.
Da muss ich jetzt hier was machen.

Der arme Samariter ist in Wirklichkeit ein
Raubritter, ein Terrorist, einer der glaubt,
dass ihm was fehlt, und wenn's eine Heile
Welt ist. Diese ganze falsche Identität, zu
glauben jemand und etwas zu sein. Sei's
drum.

Realisiere, dass da drin kein Problem ist.
Und vertraue dich dem an, was in sich
realisiert ist.

Du bist Natur an sich

Immer wieder wird gesagt, zu Sein ist genug.
Doch zu Sein, scheint manchmal gar nicht so
einfach und erfüllend. Manchmal ist die Stille
alles andere als still.
Der Punkt ist: Ganz mit dir zu sein, wahr
mit dem, was gerade in der Energetik
auftaucht, eröffnet die Deckungs-Gleichtkeit
mit dem, was Stille und SEIN IST.
Das ist radikal! Befreiung geschieht an der
Wurzel, da wo du vollkommen und frei bist.
Das ist nicht in der Bedingtheit des Lebens
festzumachen. Und doch zeigt sich DAS
durch den Traum des Lebens, wenn dich
nichts mehr hält im falschen Traum der
ewigen Identifikation mit vorgestellten Ideen
und Du einfach HIER bist und beginnst zu
Sehen, zu Sehen und zu Sein - genau an
dem Punkt hier, wo du DAS bist, was
Sehen und Sein ist.

Ohne geglaubte Interpretation, dass sich die Sehnsüchte, Hoffnungen und Ängste und all die kindlichen Vorstellungen erfüllen könnten, all dies keinen Ankerplatz mehr findet und ein Warten auf Befreiung nicht mehr stattfindet – weil Leben in seiner absoluten Relativität, absolut ist – und das ist, was Freiheit ist.

Erfüllung kann sich vollends eröffnen, im organischen Sehen und Sein, genau HIER. Doch letztlich braucht es ein vollkommenes Gewähren-lassen von allem was auftaucht. Ein frei Lassen von dir Selbst, ohne dich von DIR zu entfernen – so dass DU DICH in deiner Qualität des Seins vollends empfängst.

An dem Punkt der Re-Integration des SEINs beginnt es sich in seiner Gesamtheit und Vollständigkeit zu vollziehen. Es geht nicht nur darum, das Unangenehme, das man nie erleben wollte, zu spüren und frei zu lassen, sondern auch darum, die wunderbaren Aspekte des LEBENS vollkommen zu empfangen – seine eigene ursprüngliche Qualität in sich Selbst zu entdecken.

Es geht um das ganze Spektrum des Lebens, mit allem, was sich zeigt, in sich zu empfangen.

Das Leben drückt sich durch das Mensch-Sein aus. Die Befreiung passiert im umfänglichen Lösen der Vorstellung, dies Ich zu sein – und gleichzeitig passiert durch den organischen Leib ein tieferes Individualisieren durch die Essenz deiner Wesens Natur. Das ist ein Sterben und Auferstehen, was nicht von einander verschieden ist.

Das Leben ist in seinem gesamten Wesen vollkommen unpersönlich. Darin erfasst sich DAS Lebendige, im unmittelbaren Spüren, Erleben, Sein und Handeln mit dem, was sich vollzieht. Befreiung ist die Befreiung von der Idee von Befreiung. Doch das entspricht nicht dem Bild, der Schlussfolgerung, die darüber auftauchen könnte. Einheit entspricht nicht dem Bild von Einheit. In Über-einstimmung mit DIR bist du DAS, was Einheit ist. Und hierin vollzieht sich Re-Integration als umfängliches Geschehen und SEIN.

Dies gesamte Feld von Leben ganz da sein zu lassen, ohne an etwas festzuhalten, ist das Tor zurück in die Essenz deiner Natur. Und du kannst und musst hier nichts machen, weil du vollständig und vollkommen bist. So ist es eher ein Öffnen für dies, was erlebt wird, ein offen Sein für dies, was Erlebt und Leben IST - Dich Selbst.

*

Meditation – In Stille Sein – ist wundervoll: Anhalten, zur Ruhe kommen und ganz mit dir selbst sein, ohne Absicht, im Sehen und Erleben, was gerade läuft, Sehen, was immer unbewegt ist, in grundloser Erforschung, die aus sich heraus geschieht. Doch DAS, was du bist, meditiert beständig über sich - in jeder Faser von SEIN bist du. So ist es eher die Abwesenheit des Aufgreifens von all dem, was sein oder nicht sein könnte, wo du DAS bist was Sein ist. It's very natural. Du bist die Natur an sich. Ende, und da ist kein Ende in Sicht.

Sei einfach mit dir.

Und dass es Einfach ist, heißt nicht, dass es einfach ist. DAS Sein ist einfach und grundlegend gegeben. Dies kann immer gesehen, gespürt und geschmeckt werden als das, was du in diesem Moment von Vollständigkeit, mit allem, was du in deinem Mensch-Sein bist. DEM vertrau dich vollständig an.

Die Quelle erwacht
zu dem was ICH ist

Frage: „Stell dir vor, du bist in einer Welt, in der jeder kein Ich hat.“

So ist es.

„Würdest du dann zu einem Ich erwachen?“

Na, natürlicherweise. Die Quelle erwacht zu Gewahrsein und das ist das erste Ich. Dann erscheint es als Raum, Energie und Bewusstsein und macht sich zur Form. Das, was du beschreibst, ist natürlich. Eine Welt, die kein Ich hat und zu dem erwacht, was Ich ist. Nur gibt es die Welt nicht als etwas, was real ist. Und das scheinbare Ich ist immer nur scheinbar, ein Lichter-spiel im Bewusstsein, was sich über Gedanken oder Gefühle oder Körperempfindungen erkennt und vorgibt. Das ist meine Geschichte. Da drin ist kein Ich. Das, was Gewahrsein ist, ist das, was sieht und vorgibt, diese Form zu sein, und ist dennoch ungeteilt das was es ist.

DAS was Frieden ist

„Ich vermisse ein wenig die Einfachheit...
Der Verstand schnappt sich am Ende alles
und macht es zu einer Routine...und dann
geht das gewisse Etwas verloren. Nach dem
Motto „kenn ich, kann ich". Ich würde den
Verstand gern platt machen für diese Sünde
und ohne ihn weitermachen."

Im Grunde geht es, in einem praktischen
Sinne, um einen stillen Verstand. Bloß so
einfach scheint es nicht. Das kann eine
Herausforderung sein, der man sich stellen
muss. Und muss ist kein Müssen, was von
Außen kommt, mehr dem Inneren
vertrauend, und sehen, dass es an der
Stelle keine echten Alternativen gibt.

„Sich DEM Stellen...wie?"

In der Ausrichtung auf dies lebendige,
unmittelbare, organische Sein in dir findet
sich Frieden, in dem, was du ungeteilt
lebendig bist.

„...durch Fokus auf etwas, was zur Stille
bringt?"

Ja, ganz konkret bei dir. Der Atem, und das organische Erleben von Da-Sein, die Intensität des eigenen unmittelbaren Erlebens selbst, dem widme dich.

Die Gedanken sehen und zu spüren, was löst es in mir aus, anstatt über das Denken zu Denken, über das Gefühl ins Drama zu kommen und so durch das Spüren weiter das SEINs-Erleben im Mensch-Sein zu etablieren. Was Qualität von Ewigkeit eröffnet und den Geschmack von stillem Frieden, Freiheit, Liebe in sich trägt.

„...hmmm, das Ich Bin krieg ich nicht hin."

Das ist „ein Glaubenssatz", ein geglaubter Gedanke, „Das krieg ich nicht hin!". „Ich krieg das nicht hin" ist eher eine Interpretation von einer Vorstellung von Ideen. Durch das simple Sehen und Erleben des Unmittelbaren kann dies überprüft werden. Und es kann sich vollständig lösen.

„Da taucht immer wieder Trennung auf. Und Gedanken, die sich aufdrängen"

Erlebe, was unmittelbar da ist und du erlebst, dass Trennung substanziell nichts trennt. Anders gesagt, im unmittelbaren

Spüren und Erleben – darin kommst du in deiner Ganzheit mehr und mehr bei dir an. Ganz langsam, alles passiert in seiner Zeit. Es geht im Erleben immer wieder darum, sich in sich Selbst von der Qualität des Seins finden zu lassen, indem ich mein Sein wie-es-ist ungeteilt erlebe. Und so bei mir bin.

Unmittelbares Erleben findet sich beim Atem und dem Spüren wie-es-ist. So kann der unruhige Geist verlassen werden und die unmittelbare Bild-lose Erfahrung nimmt dem MIND die Kraft, die er nicht hat.

Die Bewusstheit vom Atem, sanft ins Herz zu sinken – relaxt Lebensenergie, Stille, direkte Erfahrung zu erleben und zu Sein, bringt in Übereinstimmung mit dem Sein-Selbst – was deine Natur ist. Hierin liegt die Qualität der Re-Integration. Einfach, weil DAS SEIN was-du-bist seinem Wesen nach vollständig ist.

„...ich halte das für eine Art Meta Ich Ebene"

Ja, das ist Meta und zugleich ganz konkret, unmittelbar – Meta, ein anderes Wort Para. Para-Dies, Para-Brahman ist DAS was Selbst ist. Und das, was wir erleben, sind seine Glieder, in seinem Erscheinen. Just simple.

Sein und DAS was Sein ist, ist nicht
voneinander verschieden.

Die Unruhe es Geistes löst sich und verliert
seine Kraft, weil dein Sein wesentlicher,
beständiger ist wie die Gedanken, die
vorbeikommen.

Dies unmittelbare Erleben von Sein
und diese Perspektive des Erlebens wird als
Offensichtliches in der Bereitschaft, zu Sehen
und zu Erleben immer konkreter,
substanzieller.

Diese Sanfte Ausrichtung, mehr und mehr
beständig bei diesem simplen, umfänglichen
Empfinden und Erfahren zu lassen, lässt hier
im konkreten Erleben und Sein realisieren
was-du-bist. Darin liegt Erfüllung und
Zufriedenheit, getragen von DEM
was Frieden ist.

Die Natur des Geistes

Es liegt in der Natur des Geistes zu denken. Die Hoffnung, das Denken beenden zu können und damit Stille zu erreichen, widerspricht dem natürlichen Fluss.

Der natürliche Fluss des Lebens ist das, was unbedingte Stille ist. Wenn es etwas zu beenden gibt, dann ist es die Identifikation mit den Gedanken und dem, der glaubt zu denken. Was selbst nur ein Gedanke ist. Das ist nichts, was du machen kannst. Überlasse dich dem Fluss. Schau und Sei. Lass dich selbst und SEI mit Dir.

Stille zeigt sich aus sich heraus – in seiner Schönheit. Es erfasst sich selbst in dem Moment, wenn es in seiner Offensichtlichkeit passiert, und leuchtet so in allem.

HIER findet DAS Eine Leben statt.
Stille, SEIN, Leben ist DAS was du bist.

Da alles vorübergehende Erscheinung,
subjektive Wahrnehmung und nicht wirklich
das ist, was es zu sein scheint, ist in mir
genussvolle Stille und die Freude zu Sein.

Illusionäres Traum-Theater

Vergangene Leben, Reinkarnation,
Erwachen... untermauert die Vorstellung,
du hättest ein Leben, wärest jetzt
inkarniert, ...erwacht oder nicht erwacht...
Zu alle dem, das existiert nicht wirklich.
Du bist DAS.

Das ist ein illusionäres Traumtheater:
Es spielt keine Rolle, es ist DAS, was die
Szene ist, und das vollständig und frei,
so wie es sich spielt.

Es ist simpel und frei, so wie es ist.

Stilles Sitzen

Die Praxis des Stillen Sitzens ist eine Art der Verehrung dessen, was du bist. In der kontemplativen Praxis kommt der Körper-Geist zur Ruhe und wird immer umfänglicher erfasst von dem, was Stille ist.

Die Praxis des Stillen Sitzens ist das wortlose Verweilen im Unmittelbaren des Hier-Seins selbst. Es ist die Direktheit des Lebens, was sich berührt, und aus sich Selbst heraus erlebt wird. Sehen und Sein, was ungeteilt auf sich Selbst trifft, Sein, was sich in sich selbst bewegt und DAS ist was Sein ist. In dieser Unmittelbarkeit von Sein wird aus sich heraus DAS offensichtlich, was unvermittelbar ist, und DAS ist, was du bist.

Die Praxis des Sitzens ist eine formelle und doch eine natürliche Seins-weise des umfänglichen still Seins mit dem was ist. Es ist die Intimität mit dem Unmittelbaren, die nirgendwo hin will und darin der Un-Bewegtheit der Natur Selbst Raum gibt.. Darin wird DAS Sein an sich offensichtlich - aus sich selbst heraus wird offensichtlich, dass du bist, was DU BIST. In dieser Unmittelbarkeit selbst erfasst es sich.

Der Genuss liegt darin, sich mit Haut und Haaren erfassen zu lassen, und ohne Zweites zu SEIN.

Das Stille Sitzen ist vollkommen pragmatisch. Du bist einfach da, mit dem was ist, spürst und erlebst das, was unmittelbar geschieht. Du kommst darin immer umfänglicher in der unmittelbaren konkreten Erfahrung des Erlebens an. Kommst immer umfänglicher mit allem an, was du in deinem Wesen bist. Du spürst deinen Hintern, auf dem du sitzt, die Füße auf dem Boden, bemerkst und erlebst, wie der Körper atmet, bemerkst, wie die subtilen Bewegungen, die Intensität des Erlebens, Anspannung und Entspannung in dir geschehen. Du bezeugst und bist dennoch mitten drin. Und entspannst dich einfach in das, was ist. Einfach so, weil es hier im Moment nichts zu tun gibt. Du entspannst dich, vielleicht mit aller Anspannung, weil es jetzt im Moment genau so ist.

Du entspannst dich in das konkrete Unmittelbare, was SEIN ist.

Das stille Sitzen mit dem was ist, ist das
Umfassendste. Denn darin ist alles umarmt.
Es eröffnet einige Herausforderungen, frei-
und gehen zu lassen was du nicht bist, wie
auch wohltuende, heilsame Aspekte, dich in
deiner Vollständigkeit zu erfassen. Doch die
größte Befreiung, die du dadurch erfährst:
Ich bin, unbedingt und immer HIER.
DAS ist frei und es ist DAS was-ich-bin.

Es ist ein unfassbares Geschenk, denn du
siehst und erlebst, ich bin ununterbrochen –
ungeteiltes SEIN, das sich durch das Mensch-
Sein erlebt.

DU BIST, das ist ununterbrochen.
DAS meditiert permanent über sich selbst.
Sich der Meditation des Selbst über sich
Selbst zu widmen, ist der Genuss,
ohne Zweites zu Sein.

Die Suche
nach der Süße des Seins

Dem Sog des Süßen und Schönen folgend,
landet die Fliege am Fliegenfänger und
ist gefangen im ersehnten Paradies, was ein
illusionäre Vorstellung war. So hat die Fliege
ihre Natur gegebene Freiheit verloren, auf
der Suche nach Freiheit und der Süße
des Seins.

Wer sich an schöne Gefühle und besondere
Zustände klammert, zerstört seine Freiheit,
die natürlich gegeben ist, und verhindert
die unmittelbare Einsicht, zu Sein was-du-
bist.

Wenn die Bereitschaft da ist, die aktive
Suche nach Glück aufzugeben und du
wirklich mit Dir bist, löst sich auch die
unbewusste Suche nach Unglück. Und die
Qualität von Glückseligkeit, der stillen Freude
die du bist, tritt ins Offensichtliche des
Erlebens.

Entdecke das natürliche Glück in dem,
was du immer und ununterbrochen bist,
in der Offensichtlichkeit, dass du dir
nicht entkommen kannst.

Vorstellungen über die Stille

Die Stille der Meditation kommt und geht. Die Natur des Seins ist Stille – die ewiglich still ist. Es ist die Stille, die zu sich erwacht und Wachheit ist.

Die Stille des Seins trifft auf sich selbst - im Anerkennen der Sehnsucht nach Wahrheit, Eins-Sein und Liebe - spontan aus der Grundlosigkeit des Seins. Die Stille des Seins trifft auf sich selbst, in der Berührung mit dem Leben, wie es IST.

Lass die Welt, wie sie ist. Hier findet Leben statt. Da, wo du bist, geschieht Leben in seinem pragmatischen, konkreten Kontext, nicht in der Zukunft, nicht woanders.

Das ist bereits zu sich erwacht und ist DAS was du bist – es ist ganz und unmittelbar Hier. Lass dich erfasst sein.

Du bist DAS Unveränderliche

Wenn Du in DIR verankert bist, hast du keine Angst - da ist keine Projektion von etwas Zweitem.

Wenn dagegen die Aufmerksamkeit in den Erfahrungen gebunden ist, wirst du mit Sicherheit auf den Ich-Geist hereinfallen! In Dir Selbst ist Stille, Freude, die Erfüllung ist. Aus Gewohnheit übergibt der Mensch das ganze Kapital seines SEINS, das ihm zur Verfügung steht, den trügerischen Phänomenen, in der Hoffnung, darin Freude und Erfüllung zu finden, in der Hoffnung, endlich glücklich zu sein und Erfüllung zu finden! Doch wie Ramana sagte: „Es spricht nichts dagegen, Glück zu suchen - es ist unsere Natur." Wo Du suchst und forschst ist entscheidend. Das, was Glück ist, findet sich in Dir.

Verankere Dich im Unveränderlichen deines Seins – in dem, was DU ununterbrochen bist.

Erinnere dich an das, was Wirklichkeit ist. Praktiziere Kontemplation, beständig in der Stille des Bewusstseins zu sein, ungeteilt, immer und immer wieder. Verwirkliche das Selbst als DAS was du bist und die Klarheit Gewahrsein, stiller Frieden und Glückseligkeit sind mit Dir, DAS was du bist.

Angst-losigkeit

Wenn Angst auftaucht, hab Angst. Nur in diesem einen Moment. Und die Energetik wird sich selbst befreien von der Angst und dem, der ängstlich sein könnte. Vollkommen in der Angst zu stehen, ohne darauf zuzugreifen, ohne etwas abzulehnen von dem, was auftaucht, öffnet dein Sein für die Angst-losigkeit, die du in deiner Natur bist. Einfach gesagt, in der Totalität dessen, was gefühlt, gespürt und erlebt werden kann, bist du DAS was Leben ist.

Auch wenn Angst auftaucht, tue, was jetzt für Dich dran ist – das, was in deinem Leben Priorität hat. Sei still - Handle und

Sei. Und der Tod des Ich-Geistes ist sicher. Darin erfasst sich DAS Selbst, hier mitten drin, als DAS was du bist.

Der Tod des Ich-Geistes ist kein Sonntagsspaziergang, denn an der Stelle kann aller Widerstand hochfahren, Muster und Programme, von denen man nicht mal wusste... Energetik, die auf die Geschichte mit Ihren Inhalte zuzugreifen will. Hier es ist von großem Wert, wenn ein Verstehen in die eigene Natur in einem Commitment zu sich Selbst gereift ist, dass Raum ist, immer umfänglicher sich Selbst zu Sein.

***

Wenn die Energetik der Gedanken und Gefühle - und all der Geschichten...
all des Unangenehmen, Unbewussten, Tabuisierten und des Sich-davor-schützen-wollens auftauchen, lass alles in seiner Energetik ganz auftauchen. In der Berührung des Unmittelbaren kann es sich erlösen.

Wenn du deine Vollkommenheit liebst und vollkommen dein Körper bist, wird sich daraus der Rest organisieren. Es geht nicht darum, zu tun und zu machen, dass es irgendwann richtig und gut ist. Lass gehen, was du nicht bist. Und sei das, was du in der Vollständigkeit deines Wesens bist. Du bist vollständig und vollkommen, das kann geschmeckt werden - gecheckt werden, dass du dies bist. Diese Tatsache erfasst, eröffnet das Offensichtliche, zu Sein was-du-bist.

Geh, Danke

„Wie komme ich aus den Gedanken raus?"

Es liegt in der Natur des Geistes, Gedanken zu denken. Der Versuch, das Denken zu beenden, widerspricht dem, was natürlich ist.

Es gibt keinen Ausgang. Das Denken ist im besten Fall Teil dessen, was man Leben nennt – der Verstand darf praktisch funktionieren.

Ungute Gedanken, lass gehen.

An der Stelle geht es eher um das Lösen der Identifikation mit den Gedanken und dem Gedanken Ich, der glaubt zu Denken.

Spüre differenziert dein Hier-Sein...
und Schau dir an, was dich veranlasst in
Gedanken zu sein. Schau dir an, was dich
die Gedanken glauben lässt und entdecke den
Auslöser unnötiger, leidvoller Gedanken - im
Spüren und Erleben.

Kleben die Gedanken an dir, oder du an
ihnen?

Wenn sich das Denken aufdrängt, schau es
dir an. Immer wieder zum ersten Mal...

...nah mit dem was ist.

Gedanken eben... Geh, Danke ...lasse es frei,
im Sehen und Erleben - lass die Gedanken
gehen, so wie sie gekommen sind.

Es geht weniger um den richtigen Zustand,
mehr darum, GANZ Hier zu Sein. Hierin
endet die Kommentarfunktion des Geistes,
und es zeigt sich, inmitten des lebendigen
Lebens, DAS, was lebendige Stille und SEIN
ist.

DAS HIER ist das einzige was ist

Frage: Die Natur des Geistes ist Multidimensional und nur wenige dieser Ebenen sind für die Person ohne besonderen Aufwand erreichbar. Natürlich nur meine Sichtweise. Kannst du damit etwas anfangen?"

Ronny: Ich kann deine Sicht nachvollziehen. Ich würde sagen, die Person erlischt in der Erweiterung des Selbst-Erlebens.

Ich habe nur den Eindruck, „besonderen Aufwand", „ Ebenen, die man erreichen kann" sind hinderliche Vorstellungen, um vollständig hier zu sein, als DAS was man ist. DAS HIER ist das Einzige was ist.

Der Aufwand ist vielleicht dieser, dass die Anstrengung des Aufwandes mehr und mehr wegfällt, die Geistes-Bewegung zur Ruhe kommt und sich die Stille selbst erfasst.

Was ist jetzt wirklich?

„Wie komme ich aus dem Leid raus?"

Es ist eher die Frage „was ist jetzt wirklich?"... ohne die Kategorien des Verstandes von Leid oder Wohlbefinden, und zu schauen.

Das Wort-lose an sich ist DAS Erscheinen deiner Natur und das was Frieden ist.

DAS Selbst meditiert ununterbrochen über sich Selbst und hat keine Idee von dem, was Meditation ist oder nicht ist. Es erfasst sich im Verweilen bei sich Selbst, was ohne Zweites ist. Darin lasse Den, der gefangen oder gebunden sein könnte - und Sei Das was Sein Ist. Nur in diesem Moment.

„...und?"

Kein und dann...

Kein Ergebnis dessen, weder Krönung, noch Kopf ab. DIES, so wie es ist, ist die Stille deiner Natur, die du bist. Kein Ich, kein Ich bin, nur DAS Selbst ist.

Die einzigartige Qualität
deiner WesensNatur

In der Blase des denkenden Geistes, im
gewohnten Unbehagen zu verweilen und
lieber weiter zu denken und dazu Gefühle zu
erzeugen, ist ein Verleugnen von dir Selbst.
Auch das kann passieren. HIER, in der
Lebendigkeit des Unmittelbaren deines Seins,
findet SEIN als Ursprungsqualität statt.
Sich der Qualität des Ur-eigenen-Wesens
zu widmen, dies zu sein und sich der
lebendigen Möglichkeit von Schönheit
zu öffnen - darin ist Vollständigkeit
offensichtlich gegeben.

In der Blase des denkenden Geistes zu
verweilen, scheint gewohnt, verführerisch.
Sich der Schönheit des Seins zu widmen,
offenbart die Qualität des Sein's, wie es
seinem Ursprung nach ist.

Letztens sagte jemand zu mir „Ich kann mein
Sein nicht fühlen". Das ist eine Ablenkung
des Ich-Geistes, um in der gewohnten
Schleife des Unbehagens zu bleiben. Sein
ist immer gegeben. Gedanken und Gefühle

bestätigen unsere gedachte Welt. Sein ist kein Gefühl. Es ist Qualität von Wirklichkeit, die sich durch die Natürlichkeit des Gewahrseins, dem Spüren und Erleben immer umfänglicher eröffnet und immer da ist.

Was ist, wenn du einfach hier bist, spürend, erlebend, dessen, was ist, gewahr – Gewahrsein selbst bist? Einfach verweilend im Spüren und Erleben dessen, was erscheint.

...wenn all die Bedeutungsschwere der Geschichte abfallen kann und die Leichtigkeit deines Wesens umfänglich entdeckt und geschmeckt wird, zeigt sich aus sich heraus die einzigartige Qualität deiner Wahren Natur, wie-es-jetzt-ist. Dem wende dich zu, immer und immer wieder. Öffne dich dir und die Entdeckung der Schönheit deiner Natur, geschieht auf ganz natürliche Weise, ist es die Freude, zu Sein was du bist.

In der Stille des Selbst sein

"Wie kann ich Verstand noch mehr in Frage stellen, um frei davon zu werden?"

Gib den Gedanken keine Bedeutung und wende dich dem zu, was unmittelbar, ewig-lebendig und still ist in Dir. Dies wortlose ICH, in dem alles auftaucht und wieder vergeht, darin findet Re-Integration in die eigene NATUR statt.

Den Worten und Gedanken keine Bedeutung zu geben, nicht zulassen, dass mentale Inhalte irgendeine Bedeutung haben, ist die Ausrottung des Ich-Geistes und seiner fiktiven "Welt" in dir. Wenn das Wort den Geist nicht anregt, bleibt die reine Energie des Bewusstseins. Dies kontinuierlich zu erleben ist, in der Stille des Selbst zu leben und zu Sein was du bist.

Deine Natur ist die Stille,
die immer gegeben ist. Nicht eine Qualität
von Sein, die sich einstellen könnte, sondern
die Stille die grundlegend gegeben ist.
Dem vertrau dich an

Sei so desinteressiert und so bewusst wie möglich, und deine Natur ist offensichtlich bei DIR, DAS was du bist.

Sich nicht zu kümmern und sich nicht zu verlassen, ist etwas, was im Herzen selbst geschieht.

Das Problem

Das Problem ist oft nicht, dass wir die Dinge nicht bewältigen können.

Vielmehr liegt das Problem im nicht Anerkennen der Stille, die grundlegend gegeben ist.

Dich dem anzuvertrauen, darin liegt Frieden und die Kapazität des Bewusstseins selbst, woraus Möglichkeiten und Wirklichkeit offensichtlich werden.

Oftmals sind es die Gedanken, die wir uns nicht trauen, die uns im Lärm halten. Stille ist ununterbrochen und das, was deine Natur ist, das, was die Lebendigkeit von Bewusstsein ist. Sich da mittendrin aufzuhalten mit und ohne Worte, offenbart DAS was Stille ist. Hierin entfaltet sich DAS Leben in seiner Freiheit aus dir heraus und es wird offensichtlich, dass wir es sind.

Das Problem ist nicht, dass wir scheinbar nichts tun können zu Erwachen.

Vielmehr liegt das Problem im nicht Anerkennen dessen, dass wir erwachte Wesen sind - im Bewusstsein, was beständig zu sich selbst erwacht.

Wir sind DAS, was Erwachen selbst ist. Gnade ist, dass wir gnädig, liebend aufmerksam sind, uns der Gnade selbst widmen und beständig mit der Wachheit des Bewusstseins in Berührung sind. Hierin wird offensichtlich, dass wir es sind, was Bewusstsein ist. Kontinuität, Beständigkeit ist ein Aspekt unserer Natur. Dich dem anzuvertrauen, was ohne Abstand ist, daraus eröffnet sich die Gnade zu Sein. Daraus eröffnet sich die Gnade, zu Sein was-du-bist.

Die Natur deines Wesens

Das hier ist eine Einladung für einen Moment
der Bewusstheit, für die liebende
Aufmerksamkeit von Unmittelbarkeit.
Die Bewusstheit, wie die natürliche Atmung
durch den Körper fließt, den Raum öffnet,
nährt und belebt – einen Moment der
Aufmerksamkeit von Gewahrsein, von Form
und Leere, die durch den Körper fließt und
dich einfach komplett hier ankommen lässt.

Und so, wie du ein bewusstes Wesen bist,
was wahrnimmt und spürt, so ist im Grunde
auch die Erde ein bewusstes Wesen. So lade
dieses BewusstSeinsWesen der Erde ein, mit
deiner Wesenheit in Berührung zu sein. Lass
dich berühren vom Wesenhaften, dem UR-
Sprung des Seins.

Die Erde ist im Grunde der Meditationsraum,
auf und in dem du vierundzwanzig Stunden
am Tag unterwegs bist. Spüre deine Füße
auf dem Boden, die Atmung, die kommt
und geht, den Hintern, auf dem du sitzt,
den Körper, so wie er da ist. Erlebe das
Bewusstseinsfeld, was sich hier eröffnet.
Du musst dir nichts vorstellen; es ist mehr
dieses Spüren der Gesamtenergetik von Dir
und dem, was unmittelbar da ist – „ja, so
fühlt es sich gerade an... so zeigt es sich,
so erlebt es sich, jetzt in diesem Moment"
Dem gib Raum!

Selbst-Erkenntnis, dass es sich selbst erkennt
und erfasst: Das was du bist hat keine Farbe,
keine Form und kein Design. Das, was du in
deiner Natur bist, ist keine Erscheinung.
Das, was Wahrnehmung ermöglicht, ist nicht
wahrnehmbar. Und zeigt sich ungeteilt
als DAS HIER.

Zuerst erkenne, dass du nichts bist,
was du erkennen oder wahrnehmen kannst.

Und Sei Das, was du schon warst,
bevor etwas wurde.

Dann beginnt eine Reifung im SEIN,
zu SEIN was-du-bist.

Das torlose Tor zu DIR Selbst ist, sein zu dürfen, wie du bist. Einfach zu SEIN, darin ist Vollständigkeit grundlegend gegeben. Aus diesem Grundton zu SEIN, darin entfaltet sich Leben.

DAS ist nicht existent, und lebt sich als DAS was hier ist. Just simpel. ES lebt sich. Dem vertrau dich an in Dir und lebe.

Was uns unnötigerweise leiden lässt, ist, dass wir unsere ursprüngliche Farbe nicht kennen, unsere ursprüngliche Form, unser ursprüngliches Sein. Wenn sich das mehr und mehr erfasst und lebt, hört das unnötige Leiden auf.

Nicht, dass du es wissen musst, WER, WIE und WAS du bist – vielleicht kannst du es spüren, erleben, leben und Sein.

Nicht festmachen, in dem Sinne SO bin ich, mehr ein beiläufiges und immerwährendes Erleben des eigenen-Seins.

Lade die Ur-Präsenz ein, die du bist.
Diese Ur-Präsenz, die dich als Wesenheit geschaffen hat.

Nicht die Eltern, nicht Gott, niemand Anderes hat dich geschaffen; das warst du als UR-präsenz. Du bist aus deiner eigenen Quelle hervorgetreten. Du bist deine eigene Quelle. Du bist DAS, was die Quelle ist.

Empfange einmal die Quelle, die du bist,
die lebendige Essenz von ursprünglicher
Energie, die du bist.

Spüre dein Herz, dein lebendiges
unmittelbares Sein. Spüre diese Eine Energie
- die war, bevor du wurdest - durch deinen
Körper, dein Sein fließt, und du im direkten
Erleben wieder umfänglich damit vertraut
wirst.

Eine Aussage von Nisargadatta: „Gib dem
Selbst eine Chance, dich zu formen."
Dir deine Form zu geben! Dies Selbst –
dieses Selbst sein, was du bist, lasse es in
deinem Raum Sein, durch deinen Körper
fließen. Spüre, nimm wahr und Erlebe,
ohne wissen zu müssen.

Erlebe die gesamte Energetik, die du bist,
die Qualität deines Seines – deine essenzielle
Farbe, deine Ur-Qualität, die du bist, die
daraus leuchtet.

Vielleicht ist es die Qualität von Frieden, die
du bist. Hier taucht Stille-Freude auf, eine
Art von innerem Lächeln.

Vielleicht ist es eine Qualität von Liebe, die
sich von innen heraus öffnet.

Für den denkenden Verstand ist hier Urlaub angesagt, denn es ist nicht sein Job, zu spüren, wahrzunehmen und zu erleben. Der Körper-Verstand macht da hin und wieder Ärger, versucht weiter am Ruder zu bleiben. Auch wenn er letztlich keine Chance hat. Wurde vom Verstand eingesehen, dass er hier keine Chance mehr hat, dann arbeitet er mit.

Wenn das Ich Bin umfänglich verkörpert und erfasst ist, weißt du wort-los und unmittelbar „Ich Bin Nicht". Hier geht es nicht um Buchwissen – die Quelle schaut durch dich und das Erscheinende auf sich selbst. Die Quelle hat die Form geschaffen und die Quelle bringt sich durch die Ursprungsqualitäten zum Vorschein, und ist letztlich alles was IST.

Leben findet statt. Hier passiert Sein und Handeln. Hier kannst du schauen mit der inneren Haltung: „Alles, was ich nicht bin, darf meinen Raum verlassen und alles, was ich aus meinem Ursprung, aus meinem Wesen bin, kann mehr und mehr einfließen und vollständig hier sein. Dass sich die Ursprungsqualität, die Ich Bin, durch den Körper fließt, erlebt und lebt."

Da ist keine Spur von heilig, eher dies, „Ich Bin vollständig hier", aus dem eigenen Ursprung, dem eigenen SEIN mit allem, was die Existenz als „du Selbst" bereitstellt. Und das entspricht keiner Form. Es entspricht sich selbst, ist deckungsgleich mit sich.

Ohne Wenn und Aber.

Wenn die Körper-Form deckungsgleich ist mit dem Unmittelbaren, bist du im Ich Bin. Wenn du im Ich Bin bist und nicht haderst, öffnet sich dein Ursprung. Wenn du dich nicht wehrst gegen das was ist, weil du denkst, „ich oder es sollte doch… dies und das", zeigt sich die Quelle, ohne jemals in Erscheinung zu treten und das ist das Paradox – du existierst nicht. Und dann gehst du einen Tee kochen oder auf die Arbeit und bist einfach wieder kompakt du. Deckungsgleich in diesem pragmatischen Handeln und Sein.

Und natürlich scheint es ein Prozess zu sein. Ganz einfach, weil das, was in Erscheinung tritt, das, was als Mensch-Sein da ist, wird immer im Prozess sein – die Erscheinung ist prozesshaft in ihrer Natur.

Die Quelle der Wahrnehmung, die Quelle des Seins, DAS, was nie im Prozess war, wird davon niemals bedingt sein. Es gibt nicht diese Brücke vom Prozesshaften ins Noumenale, nicht Prozesshafte. Beiläufig erfasst es sich, im Sehen und Erleben, dass es da keine Trennung gibt. Hierin erfasst es sich. Das ist das Schöne. Im nicht Hadern mit den Dingen offenbart sich Frieden, in DEM was Frieden ist, DU, so wie du bist.

Schmiede der Befreiung

Halte mich nicht von der Arbeit ab. Sonst verliert sich die Hitze im Schmiedefeuer des Gewahrseins. Bringe lieber das Holz der Begierden, der Wünsche, des Mangels, der Trennung und verweile IN DEM was Freiheit ist, dass das Feuer weiter brennen kann.

Bleib einfach HIER, lebendig und still, das was SEIN ist. Nähre das Feuer des Seins mit dem Frieden, der Liebe und der Freiheit von DEM-was-ist, dass sich das Selbst-gewahrsein in allem erfassen kann.

Verweile einfach an diesem Feuer und Sei.
Verweile in dem was ist und lass die
Befreiung aus sich heraus geschehen.
Spüre und Erlebe Dich, SO wie-du-bist.
Sei die lebendige Essenz und lebe mit der
Lebendigkeit dessen, was Leben ist.
DU BIST dieser, der Hier ist
und DAS Hier-Sein Selbst.

Die Grundlage ist gegeben,
Du bist immer du.
SEI was-du-bist.

189

Es ist meine Passion, diese Arbeit zu tun.
Und dies Wirken geschieht jenseits von Tun
und Nicht-Tun, mitten im Unmittelbaren.
Jeder Handgriff sitzt, weil ich mein Wirken
bin, weil ich es liebe, zu sehen, wie sich
alles augenblicklich befreit und sich als DAS
erkennt, in dem, was Leben in seiner Freiheit
ist.

Ich bin der Schmied, der Hammer, das
Eisen, der Amboss und das Feuer selbst. Es
gibt keine Trennung zwischen mir und dem
was ist. Im Unmittelbaren Sein wird DAS
Unvermittelbare sich Selbst-gewahr, darin
ist die totale Freiheit offensichtlich. Und
Befreiung kann geschehen durch alle
Schichten von dem was SEIN ist.

In dieser Offensichtlichkeit
tue ich, was zu tun ist und
bin DAS-was-ich-bin.
Ich bin hier, dass sich das Berühren
und erkennen kann, was HERZ-IST.

Halt an!

Nimm Dir eine Pause - sei mit dir und trink einen Tee. Komm einfach mit beiden Füßen ganz hier an. Und ver-lasse den unruhigen Geist im Anvertrauen an das, was konkret und Unmittelbar in dir erlebt werden kann - Gedanken können kommen und gehen.
Du bleibst hier, mit dem unmittelbaren Erleben selbst.

...in dem was IST, verweile in stiller Akzeptanz und Offenheit für dies Unmittelbare Sein.

Schmecke die Qualität des SEINS im gegenwärtigen MOMENT, bei dir.

Nimm Dir Raum, schau dir das an, was erscheint und sei einfach mit dem lebendigen Atem in dir in Berührung ...mit dem lebendigen Sein in dir in Berührung.

Nichts suchend,
aus sich heraus entdeckend was ist,
HIER ankommend in dem was du bist.

Sehen und Sein sind nicht von einander
verschieden. Ist diese simple Tatsache erfasst,
führt kein Weg an der direkten Einsicht
vorbei, ICH BIN DAS.

DAS, was allem unbewegt in mir selbst
vorausgeht, das ist DAS Eine Selbst.

Lebe wesentlich,
- nehme Zuflucht in Dir -
und sei glücklich.

DAS Ich Bin

DAS Ich Bin ist in seinem Wesen das, was
DAS Selbst ist. In dieser Übereinstimmung,
die direkte Einsicht ist, bist du DAS,
was das Selbst ist.

Im ganz mit dir Selbst sein lösen sich die
Bilder und Vorstellungen über dich und die
Welt. Der geglaubte Traum löst sich im
Gewahr-Sein des Herzens auf.

Und DAS trifft in seiner Un-bewegtheit
ausweglos auf sich selbst. Darin geschieht ein
umfängliches Ankommen in DEM was du
bist.

Deine Wahre Natur

Die Wahre Natur eines jeden ist namenlose
Identität, unsichtbare Anwesenheit.
Unsichtbar, denn du bist DAS, was
Wahrnehmung und Sein ungeteilt
wahrnimmt, DAS, was Wahrnehmung
und Sein ermöglicht. Du bist DAS,
was Wirklichkeit und SEIN ist.

Ramana Maharshi fragte: „Wer Bin Ich?"
und Franz von Assisi antwortete bereits
hunderte von Jahren zuvor mit den Worten:
„Der Sucher ist DAS Gesuchte".

Die Welt ist gesehen – DU bist komplett.
Verweile bei DIR und Sei.

Ich Selbst bin das Gesuchte

– ohne Abstand, bin ich DAS –

und ICH BIN DAS Ziel.

Direkte Einsicht, immer wieder frisch, in der
Deckungsgleichheit mit sich Selbst - ist
gelebte Praxis. Darin erfasst es sich, endlos.

Just simple, Sei was du bist.

Du hast alles gesehen

Du hast alles gesehen – halt an.
Dreh dich um, zu dir.

Dies Wort-lose ICH-Selbst ist das was-du-bist.

Befreiung,
Selbst-Verwirklichung,
liegt verwirklicht in dir.
Lass es sich vollziehen.

Wenn du diesen Inneren Ruf
vernommen hast, vertraue dich DEM an,

Es ist DAS was du bist.

Lass es geschehen.

LEBE, wie es sich lebt und Sei…

SEI was-du-bist.

Kapitel 3

ENDE, kein Ende in Sicht

Wenn Befreiung dich sucht

Wenn der Ruf nach Befreiung in dir erhallt,
suche Vergebung im eigenen Selbst, suche
Ernsthaftigkeit, Kontinuität, Hingabe,
Freundlichkeit, Zufriedenheit und Wahrheit,
als würdest du wie eine Biene nach Nektar
suchen, in dem Wissen, dass du bereits in
der Blüte weilst. Trinke vom Nektar des
Seins, und Sei das was Sein ist.

Du bist nicht der Körper-Verstand mit seinen
Gefühlen, Gedanken, Empfindungen und der
Identität Ich und mein Leben. Du bist DAS,
was Gewahrsein ist, das, was die Bewusstseins-Form bildet. Dies zu erfassen, ist
Befreiung. Hier erfasst es sich - ganz
aus sich heraus.

Das Unveränderte in allem, DAS bist Du.

Zu-Sehen-und-zu-Sein,
lässt nichts anderes übrig
als die Einsicht ICH BIN DAS.

Das wortlose Erleben-Ich, in dem Form und
Leere Identisch sind, ist ein Schlüssel zur
Befreiung in der Gegenwärtigkeit des Selbst.

Dort, wo Du keinen Ort hast, frei von Zeit
und nackt von jeder Vorstellung bist, ist
wahres Verweilen in der eigenen Selbst-Natur
aus sich heraus gegenwärtig. Durch die
kontinuierliche Praxis, in der Nacktheit
deiner Natur zu Verweilen und DAS zu Sein,
was Sein ist, erreicht man umfängliche
Befreiung. SEIN erreicht sich Selbst, durch
die lebendige Form die du bist. Frei von
Freiheit und Unfreiheit, bist du DAS.

Wenn das Ich im Ich verweilt,
verschwindet das Ich.

Dies Wort-lose ICH,
DAS, was Selbst ist,
ist das, was du bist.

Herz-Diamant

Wenn dich die Wahrheit ohne Zweites
wirklich erfasst, weißt du sie nicht...
du bist es.

Dort, wo es nichts mehr zu tun gibt, und
genau dies ansteht, verweile in diesem Wort-
losen ICH, was immer mit Dir ist. In dem
darf alles kommen und gehen, weil in Dem
nichts passiert.

Wahrheit findet sich nicht in den Worten.
Es geht nicht um dich, und verrückterweise
geht es darin einzig um DICH, alles andere
kommt und geht. Dies Paradox klärt sich
einzig im direkten Erleben, das in sich
keiner Klärung bedarf.

Als die buddhistischen Textrollen von Indien
nach China gebracht wurden, stellte man
fest, dass sie leer waren. Ist die Bereitschaft
da, sich vorbehaltlos so zu begegnen wie-
man-ist, finden sich darin Das, was das
Herz- und Diamant-Sutra ist, und es ist
Das was du bist.

Lass den Geist ins Herz sinken,

und verweile mit DIR.

Folge dem Sog in dein Inneres und Sei mit dem LEBEN, dem, was Leben ist... und es wird sich aus sich heraus wandeln, in das, was unwandelbar und lebendige Essenz ist.

Lausche dem, was da ist und Sei beständig mit dem, was beständig ist. Unwesentliches fällt aus sich heraus ab von dir. Und das Wesentliche geschieht von selbst und ist grundlegend gegeben als das was du bist.

Schau für dich Selbst,

WER BIST DU?

In der stillen Nicht-Antwort
dieser Frage verweile!

Lass dich erfasst sein,
immer und immer wieder,
von dem was HERZ Ist.

SEIN

SEIN ist das, was du bist, das, was ich bin, und es ist DAS, was Leichtigkeit ist. Für den Ich-Geist scheint die Leichtigkeit des Seins schnell unerträglich, weil er hier nichts zu tragen, zu tun oder zu lassen hat. Leiden liegt nur in dem, was wir nicht sind und uns zu eigen gemacht haben.

Oftmals ist das nicht leicht zu identifizieren, weil wir schon „immer" mit dieser Identität, der Schwere leben. Doch ist es in Wirklichkeit leicht zu identifizieren. Leichtigkeit ist unsere Natur.
Selbst die Natur des Körpers ist leicht, in seiner Vollständigkeit. Manchmal erscheint der Körper schwer, vielleicht aus einem Anflug von was auch immer... vielleicht, weil er aus der Tiefe des Zellbewusstseins Altlasten von Identitätsbilder, Identifikation mit was auch immer zum Vorschein bringt, und so loslassen kann... Vielleicht einfach etwas, was im Lebensfeld auftaucht und für einen Moment gefühlt und erlebt wird, und wieder geht.

„Viel-leicht" ist ein Hinweis, eine Art zu Sein, nicht Unbestimmtheit, eher eine Sanftheit, die offensichtlich die Gesamtheit von Leichtigkeit ist.

Leichtigkeit und Schwere können wechseln, das liegt in der Natur der Dinge.

SEIN ist DAS was-ich-bin.

Das, was Leichtigkeit ist,
ist das, was unsere Natur ist.

Das Unmittelbare
trifft auf sich selbst

Ja, dann fangen wir an. Ich freue mich,
dass das hier stattfindet. Schauen wir, was
heute passiert. Auch in dem Sinne, was
vorbeikommt, von Dem, was bemerkt werden
kann, was immer ist, nämlich Du Selbst.
Das hier hat keine Richtung; Bewusstsein
spielt mit sich. Bewusstsein ist mit sich in
Bewegung.

Die Quelle wird wach und setzt sich als
Bewusstsein in Bewegung und in jeder Phase,
in jeder Facette von Sein ist es, was es ist.
Das Schöne, es gibt keinen Abstand zu dir,
dem was du bist. Dieses wortlose Empfinden,
dass du da bist, bist du. Alles Andere ist
Geschichte. Und da ist manchmal Glück drin
und manchmal Leid. Und cool, wenn das
unnötige Leid, das, was du nicht bist, in
Leichtigkeit abfallen kann und einfach eine
Möglichkeit aus sich selbst heraus ergibt.

Wir müssen hier nicht viel machen. Gerade dadurch, dass das Machen zur Ruhe kommt, kann das Unwesentliche abfallen, können die Gedanken vorüberziehen, ohne dass sie wirkliche Bedeutung haben. Gefühle können auftauchen, erlebt werden und weiterziehen.

Das Leben antwortet ständig auf sich selbst und das ist cool es mitzukriegen. Einfach dies Direkte Erleben, das Sehen dessen, was da ist, was stattfindet. Das Hören dessen, was gehört werden kann, und das Hören dessen, was hört. Das Riechen, das Empfinden, das Bemerken – das Bemerken von DEM was Gewahrsein ist. In diesem fraglosen Bemerken trifft Gewahrsein auf sich selbst, trifft Bewusstsein auf sich selbst als DAS Offensichtliche.

Die Fragen, die man sich nicht traut, das sind im Grunde die interessanten Fragen. Da öffnet sich dieser innere Raum für Vertrauen in sich selbst. Diese unmittelbare Berührung mit dir, in der alles auftauchen kann und darf... die Transparenz ist, ist das was befreit.

„Machst du dir manchmal Gedanken zur Politik oder zum Weltgeschehen?"

Nur als etwas was vorbeikommt; das ist nicht mein Business. Nichts, wo ich mich reinhängen muss, etwas was ich sehe, was mich berührt oder nicht berührt. Das Leben spielt sich selbst. Das, was mich interessiert, ist der Raum, in dem ich bin, der Raum, in dem ich mich konkret bewege. Nicht mehr und nicht weniger.

„Würdest du sagen, dass der Zustand in Meditation zu Sein oder in Stille zu Sitzen ein Geschmack vom Selbst ist?"

Absolut; ja. Wenn die Meditation nichts Gemachtes ist und einfach ein absichtsloses Sitzen ist, offenbart sich diese Meditation von Leben über sich selbst. Wenn man da Freude dran hat, kann es sich immer umfänglich erfassen. Und Meditation ist auch manchmal eine Herausforderung, dass man sich hinsetzt und so die Unruhe des Alltags spürt oder das, was gerade am Durchlaufen ist. Wenn es keine Bedeutung mehr hat,

fängt es an, auf sich selbst zu deuten.
Friedvolle Zustände wechseln mit Unfriede
oder mit Unruhe und du bist. Du bist das,
was unbewegt, unberührt ist und sich durch
das Leben selbst berührt.

Yes! Es ist wertvoll, wenn es eine stille
innere Praxis gibt. Wenn Bewusstsein sich im
Satsang trifft, ist es auch der Ruf nach Hause
kommen zu wollen, der Ruf, mit der Stille
zu Sein. Und das Satsang ist kein äußeres
Geschehen, sondern diese Deckungsgleichheit
von Sein, die auf sich trifft.

„Was ist für dich Still Sein?"

Stille ist meine Natur von Anwesenheit. Stille
ist meine Natur von Gewahrsein, wo ich
deckungsgleich bin mit dem, was ich bin.
Alles andere ist eine Art von Übung oder
Versuch, so what. Wenn du mit dem sein
kannst, was Stille ist, ist Stille, ist es
friedlich; trifft das auf sich, was Frieden ist.
Unbedingt von den äußeren Zuständen oder
den Inneren. Darin zu verweilen ist die
Gnade, die du bist.

DAS was Gott, Leben und Tod ist

„Hat das Selbst oder Gott eine Form; kann man es mit den Augen sehen?"

Er ist das, was durch deine Augen schaut und sieht. Wahrscheinlich stehst du jeden Morgen vor dem Spiegel und putzt dir die Zähne. Und da siehst du Gott in der Form. Da siehst du das Selbst in der Form. Und das Empfinden, dass du da bist, DAS, was unverändert und unmittelbar bei dir ist, ist der direkte Hinweis auf das, was unverändert unvermittelbar du bist. Wenn sich Das Unveränderliche erfasst, verschwindet jegliche Form, verschwindet diese Grundidentifikation mit jeglicher Form. Auch die Identifikation mit dem Bewusstsein, mit dem Gewahrsein wird verschwinden. Und dann bleibt eine Formlosigkeit, die noch nicht mal irgendwie formlos ist - nothing! Nicht mal ein Nichts wird bleiben! Der Genuss, den du jede Nacht im Tiefschlaf hast; du allein ohne jeglichen Eindruck von dir selbst, das ist das, was Gott ist, in seinem Wesen.

Und so, wie das Selbst in der Form von dir und dem Leben Selbst erscheint und sich morgens im Spiegel trifft, so gibt es auch Bilder von Gott mit verschiedenen Qualitäten, die Mitgefühl ausdrücken oder Hingabe, Weisheit oder ein Aspekt von Heilung, Heil-Sein und Ganzheit. Es ist wunderbar, Gott in der Form zu sehen und sich als das Formlose zu kennen. Und wenn es sich vollständig erkannt hat, ist es deckungsgleich mit dem Erscheinenden und ohne - Du kannst dem einfach nicht entkommen.

„Ist Gott selbst nicht formlos?"

Ja; es ist absolut formlos. Da es absolut formlos ist, bringt es sich auch durch die Form in Erscheinung.

„Gott ist Liebe!"

Als Erscheinung; ja, wenn er das so will. Wenn er keine andere Wahl hat, als Liebe zu sein, ist er das. Die größte Illusion; Liebe zu sein, ist wunderschön in sich. Die größte

Illusion, weil man sich sozusagen in der Energie und in dem Wohlbefinden glaubt, jetzt habe ich es geschafft. Aber es ist Hier und Jetzt vollbracht. In jedem Zu- und Umstand bist du, was du bist. Selbsterkenntnis, direkte Einsicht ist alles. Hierin trifft es auf sich.

„Liebe ist Wahrheit; Illusion ist alles Andere!"

Alles, was kommt und geht, ist illusionär. Liebe ist ein universeller Zustand. So wie auch Frieden, und der Geschmack von Wahrheit ein universeller Zustand ist. Und Zustände haben die Qualität von Vorübergehen, von Vergänglichkeit. Wenn du die Liebe lieben kannst und es eine Art von Beständigkeit hat, ist es wunderbar. Und, ich bleib dabei: Alles was vorübergehend ist, was wahrnehmbar ist, was kommt und geht, ist vergänglich und illusionär. Und zwar nicht, um das abzutun, sondern um das Gewahrsein zu öffnen für das, was nicht kommt und geht; was die Quelle des Gewahrseins ist und die wirst du nicht finden. Sie findet sich und die bist du und ich spreche hier nur zu mir selbst, ich spreche zu DEM, nicht zu jemand Anderem.

„Liebe ist nicht vergänglich; sie ist Gott, alles was ist."

Ich habe dazu gesagt, was ich dazu zu sagen habe. Ich lass dir Deines, wenn das so ist. Ich kann nur sagen, ich kenne nichts und niemand, der ununterbrochen Liebe ist. Außer vielleicht Du. Oder vielleicht erzählst du dir einfach eine spirituelle Geschichte.

Ja; und wie ich sagte, Liebe ist eine universelle Qualität und universelle Qualitäten haben den Geschmack von Ewigkeit. Aber im Grunde hat jeder Aspekt von Existenz den Geschmack von Ewigkeit in sich. Da kannst du gar nichts rausnehmen. Einfach, weil das nie angefangen hat, wird es auch nie aufhören und damit hat es den Geschmack von Ewigkeit. Und Liebe hört sich gut an, fühlt sich gut an, nährt – ja. Liebe kann so ein Tor sein und der absolute und der größte Klebstoff an den Traum des Spirituellen-Ichs. Und es ist geil, wenn du die Qualität in dir hast, zu lieben.

Wunderbar! Das, was jeder Mensch, jeder Organismus sucht, zu lieben, geliebt zu Sein. Wenn wirklich die Qualität da ist zu lieben, dann hört einfach ganz viel von der Suche auf im Außen.

„Ist überhaupt Jemand hier oder spricht es mit sich selbst?"

Bewusstsein spricht mit sich selbst und scheinbar gibt es einen persönlichen Eindruck oder ein persönliches Hier-Sein. Und das ist leer von einem substantiellen Ich, was es geben könnte. Das Ich was erscheint, ist leer und ein substantielles Ich, was reale Substanz haben könnte, gibt es nicht. Das hat niemals existiert, weder im grenzenlosen Raum noch im begrenzten Raum. Und manchmal wird von dem „Ego" gesprochen als eine Art Ich-Instanz. Und das Ego ist frei von jeglichem Ego. Es kann nach Hause gehen. Maximal ist es eine gesunde Funktion in dem Spiel. Das Ding hier ist leer und da drin vollkommen und voll von sich selbst.

„Ich muss immer so über diesen kosmischen Witz lachen. Einfach so, auch ohne Grund."

Ja, cool. Das ist ja der Witz dessen, dass das Ganze hier keinen Grund hat. Alles, was passiert, passiert grundlos. Die Freude erscheint aus sich, der Trouble, der da draußen stattfindet oder zeitweise in einem selbst. Ein grundloses Geschehen! Cool, wenn man darüber lachen kann, weil man keinen Grund findet, weil es keinen Grund mehr zu suchen gibt. Und macht man sich auf die Suche nach Gründen, ist es letztlich auch ein Aufdecken dieser Grundlosigkeit, die Freiheit und Freude hervorbringt.

„Was ist das Original?"

DU, bist es – so wie du bist. Vor dem Erscheinen des Universums und hier mittendrin in der Lebendigkeit von Leben, bist du, was du bist.

„Dann gibt's ja eigentlich gar keine Probleme mehr."

Eigentlich gibt's auch eigentlich nicht. Das Leben erscheint so, wie es erscheint. Und das Ganze, was wir als erscheinendes Leben mitkriegen, ist ein Vorübergehen. Nichts, wo man lang dran festhalten kann. Es findet einfach nicht in Zeit statt. Das Problem ist meistens dieses, dass sich Bewusstsein in Raum und Zeit festmacht als ein Punkt, der sich „ich und mein" nennt. Ich würde sagen, Ich, das ist ein ganz pragmatischer Aspekt von Leben und direkter Hinweise auf das Selbst, aber das, wo man sich dran festklammern muss, das ist Maya.

„Kann man nach dem Erwachen noch normal in der Gesellschaft funktionieren?"

Ja; wenn das Leben es so will. Und was ist normal? Erwachen ist, dass sich der natürliche Zustand selbst entdeckt und dass es sich selbst lebt. Ich würde sagen, es drückt sich auf einfache Weise aus. Wenn du magst; das ist dann endlich mal normal, mit allem.

„Letztlich ist es also egal, was im Leben geschieht, weil es einen selbst als Individuum schon nicht gibt?"

Doch, dich gibt es als Individuum, wenn es dich als Individuum gibt. Individuum heißt ungeteilt, also das Absolute oder Gott, der sich individualisiert. Das Formlose, das sich in die Form bringt. Zu dem Egal, das ist nur die Gegenmeinung, zu dem, dass es wichtig wäre. Ich würde sagen, Leben lebt sich pragmatisch. Wie man im ZEN sagt: „Vor der Erleuchtung, Wasser holen und Holz hacken. Nach der Erleuchtung, Holz hacken und Wasser holen." Es ist schön, das bedingte Leben in seiner Form und seiner Art und Weise wertzuschätzen. Das ist für mich ein gelebter Aspekt von Liebe. Und ein Aspekt ist immer in sich vollständig; es ist nicht so ein Teil von etwas.

„Was wäre die letzte Botschaft an uns, wenn du in einer Minute den letzten Atemzug machen würdest?"

Erstmal, dass ich keine Minute Zeit hätte; weil das nicht in Zeit passiert. „Nichts

existiert wirklich". Wahrscheinlich würde ich
nach der Minute aufstehen und einen Vortrag
halten über diesen einen Satz. Für mich gibt
es keinen Tod, weil es für mich schon keine
Geburt gab. Es ist irrelevant; hier ist keine
Message drin. Nichts existiert wirklich heißt,
„Nichts ist und Nichts ist nicht".

„Aber man hat doch trotzdem Beziehungen,
die einem wichtig sind, oder?"

Ja mag sein, aber doch nicht in der letzten
Minute. Da ist einfach das was ist.

„Ja nun, vielleicht noch Verabschieden, oder
die Katze knuddeln..."

Vielleicht; niemand kann das sagen, da ist
kein Zeit mehr, etwas zu tun oder zu lassen.
Niemand kann das planen! Niemand kann
das planen, da ist keine Kontrolle drin.
Niemand hat sich ausgesucht, geboren zu
werden und niemand wird es unter Kontrolle
zu haben zu sterben. Formen entstehen,
Körper werden geboren, nicht du – du bist
bist unverändert, das was du bist. Und die
scheinbare Kontrolle im Traum ist einfach

nur ein Festhalten an der Vorstellung, die einem schon wieder aus den Fingern rinnt. Das macht´s leicht!

„Geburt ist das Gegenstück zu Tod, Tod nicht das Gegenstück zu Leben?"

Was meinst du mit Geburt? Wurdest du selbst geboren? Hast du die eigene Erfahrung deiner Geburt gemacht? Oder warst du nicht einfach spontan da, als das Leben, was auf sich selbst trifft? Was sich dann irgendwann persönlich gemacht hat, sich separiert, sich dann irgendwann im Satsang trifft und die Trennung, die Separation und der persönliche Eindruck langsam wegschmilzt, sich als unwirklich offenbart und sich Leben weiterlebt.

Und, welcher Tod soll es sein?
Noch nie hat Jemand seinen Tod miterlebt, genau wie noch nie Jemand seine Geburt miterlebt hat. Direkte Einsicht, Selbsterforschung, direkte Einsicht kann nur auf eigener Erfahrung beruhen und nicht auf Hörensagen. Und viele Leute sprechen von Nahtoderfahrung; Deshalb heißt es „nah

Tod" und nicht „ich hab den Tod erlebt."
Es ist einfach ein anderer Space von Leben...
Man kann nah drankommen, aber wenn es
wirklich passiert, findet es gar nicht statt. Es
ist eine Beschreibung des Geistes, der sich
sozusagen limitieren will auf eine Art von
Lebenszeit und persönlicher Geschichte.
Leben lebt sich durch alles. Man kann sehen,
dass ein Körper stirbt. Aber dass man selbst
gestorben ist und dass man selbst geboren
wurde, hat noch nie jemand erfahren.
Deshalb ist es cool, für sich zu schauen. Und
der Verstand kann es abnicken oder sagen,
nee, das ist nicht so. Wenn du wirklich für
dich selbst schaust, in einer absichtslosen
Weise - dass die Aufmerksamkeit immer
wieder dahingeht und du mitkriegst: Hey, ich
war einfach irgendwann da. Spontan ist das
aufgetaucht, was ich als Leben oder als Ich
bezeichne. Und das wird nie vergehen - weil
es nie angefangen hat. DAS hat keinen
Anfang und kein Ende. Vor dem spontanen
Erscheinen war es auch schon,
ohne Erscheinung, das was du bist.
Je umfänglicher Selbsterkenntnis wird, umso
umfänglicher siehst du, dass du bist, was du
bist, was du ununterbrochen bist. Dass du

keine Erscheinung brauchst, keinen
besonderen Erwachens-Space, kein spontanes
Auftauchen von irgendwas oder Erkennen
benötigt wird, weil es ist – dass du auch
ohne Gewahrsein und ohne sich selbst
erkennende Existenz bist, was du bist.

Würde man das dann den Tod nennen?
Ohne Gewahrsein und ohne erscheinende
Existenz oder ist es das, was Leben ist in
seinem seiner Totalität und in seinem
Substratum, was ohne Zweites ist?! Und
ohne Zweites heißt, da ist schon nichts
Erstes. Und das ist das, was hier miteinander
spricht. Es ist das, was hier ist und nicht
von sich wegkommt. Und die Person wird
persönlich erscheinen und der Körper wird
körperlich sein auf seine einzigartige Weise.
Und ja, wenn es an den Erscheinungen nichts
mehr zu drehen gibt und das dran drehen
nicht abgestellt werden muss, weil es Teil
des Spiels ist, ist diese Unausweichlichkeit
dessen, was du bist, als DAS Offensichtliche
gegeben.

„Was lässt dich so ruhend und ruhig wirken;
was ist es, was so ansteckend wirkt? Bist du
immer so ausgeglichen und ruhig oder gibt
es auch andere Tage, wo es nicht so ist?"

Ausgeglichen ist vielleicht das, dass es keine
Tage gibt, dass das, was ich bin, nicht
anders ist, auch wenn es anders sein könnte.
Hier findet einfach Leben statt und das
Leben fragt nicht nach etwas Anderem.
Es lebt sich so, wie es sich lebt.

In dieser Bereitschaft

In dieser Bereitschaft, mit sich selbst zu sein, kriegst du mit: „Ich bin vollständig." Dieser Raum, in dem ich als Vollständigkeit selbst auftauche, ist in sich vollständig, mit Allem. Und das Paradox ist, dass dieses Ich, was auftaucht, gar kein reales, autonomes Ich hat – Gewahrsein ist, Bewusstsein selbst ist, DAS ist, ohne Zweites.

Und dies, was Ohne-Zweites ist, da gibt es offensichtlich auch kein Erstes. Das ist der Witz. Einfach, weil da kein Objekt ist. Anders gesagt, Das Selbst ist ohne Selbst.

Dieses reine Ich-Empfinden, dieses Gefühl von ich bin da, da-sein selbst, ist das torlose Tor, zu sehen, zu leben und zu sein, ohne sich dauerhaft in Geschichten zu verlieren.

So wie Finden, kann Verlieren Teil des Spiels sein. Und wenn du im Verlieren nichts verlierst, kommst du noch reicher daraus hervor. Einfach, weil Vorstellungen weggefallen sind, sich die Vollständigkeit selbst erfasst und die Wirklichkeit sich

umfänglicher zeigt als DAS, was-sie-ist. Und
wenn im Finden nichts mehr gefunden wird,
triffst du unausweichlich auf dich Selbst.
DEM vertrau dich an.

Jede Vorstellung, die wegfallen kann, wo du
auf dich Selbst triffst, öffnet diese Fülle, die
du bist. Zu Sein was du bist, öffnet die
Qualität von Bewusstsein in ihrer Ein-
maligkeit, die die Schönheit des Seins ist.

DAS was-Leben-ist, spielt mit sich selbst.
Wenn DAS im Selbst-erkennenden
Gewahrsein auf sich trifft, nennt man es
vielleicht Lila. Bist du in deinem Traum
verstrickt, ist es dieses Verfangen-sein im
Spinnennetz, das man Maya nennt, Leiden an
seinem eigenen Traum, der nicht angefangen
hat und nie aufhört. Wenn es kein Ende zu
haben scheint und du ganz DA BIST, endet
es und die Endlosigkeit des Seins trifft auf
sich Selbst, und ist das Einzige was ist. Das
Schöne; das ganze Geschehen ist frei, und
DAS bist du.

Dunkle Nacht der Seele

„Dass Seelen ins Fleisch gehen und dann wieder hinaus, widerspricht DEM ja nicht, oder?"

Das widerspricht dem nicht, nein. Es ist einfach ein Teil von Phänomenalität, wie sich Leben in seiner Energetik lebt.

„Kannst du etwas über die Dunkle Nacht der Seele sagen? Gab es so etwas bei dir?"

Die dunkle Nacht der Seele ist eher ein missverstandenes Konzept. Die Dunkle Nacht der Seele wird oftmals so interpretiert, dass sozusagen diese psychischen Dinger auftauchen und die Traumata in Bewusstsein kommen, sich entladen und dieses Ganze, dass der Schmerz auftaucht, und ein darin untergehen, das sind sicherlich einige Nächte.

Das, was die Dunkle Nacht der Seele wirklich beschreibt ist, das die Energie, die aus dem Gewahrsein auftaucht, diesen bekannten Raum aufgelöst hat und du nicht mehr weißt ob es hell oder dunkel ist, Tag oder Nacht, ob es gut oder schlecht, richtig oder falsch ist und ob es dich gibt oder ob es dich nicht gibt. Und wenn sich das wirklich einstellt - darüber gibt es keine Beschwerden. Da brauchst du keinen Trauma-Therapeuten, Coach, Guru oder Lehrer, der dich da durch führt, weil es da keinen Weg mehr gibt. Da gibt's im Grunde auch keine Bewegung oder Nicht-Bewegung. Das ist das, was die Dunkle Nacht der Seele ist. Da gibt es keinen Tag mehr und auch keine Nacht. Das Selbst trifft augenscheinlich durch alles auf sich Selbst.

Keine andere Option mehr

Keine andere Option mehr sehen als DAS und den Weglosen-Weg als lebendige Möglichkeit von Wirklichkeit zu entdecken, statt in Erleuchtungs-Doktrin oder persönlichem Konzept festzustecken.

„Den Irrtum" im besten Fall fallen zu lassen und zu schauen, Was ist jetzt wirklich? und zu Sehen, zu Sehen und zu Sein...

...und sich Selbst in seiner Schönheit, seiner Essenz immer umfänglicher zu empfangen, als DAS was du bist.

In jeden Zu- und Umstand, bist du, DU was du bist

„Manchmal fragt es sich, wie sich Erscheinungen in dreizehntausend Jahren sehen werden?"

Erscheinungen wandeln sich. Ständig! Schau dir lieber an, wie du jetzt wirklich bist. Und sollte es dich in dreizehntausend Jahren geben, wirst du, das was du bist, DU Selbst unverändert sein, so wie du jetzt auch bist. Ich weiß nicht, wie alt du bist, dieses Selbst, was die Geschichte von dir erlebt hat, hat sich in der ganzen Zeitspanne von persönlichem Leben nicht verändert. Diese Anwesenheit hat sich nie verändert. Dieses schauende Gewahrsein hat sich nie verändert. Die Filter in der Wahrnehmung ändern sich vielleicht; das Hintergrund-Bild auf der Leinwand oder dem Raum, in dem das auftaucht mit seinen Inhalten, ändert sich.

Du, als Person, Form, bist in Veränderung, endlos – DU Selbst bist unverändert.

Die Quelle tritt aus sich selbst heraus in Erscheinung, spielt sich als Bewusstsein, spielt seine persönliche Geschichte und ist in seinem Grundprinzip und in seinem Wesen unverändert es Selbst. Über eine fiktive Zukunft kann ich wenig sagen, eine fiktive Märchen-Stunde des Geistes. Ich sags mal so: Alles, was nicht hier ist, ist auch nirgendwo anders zu finden. Alles, was du andernorts findest, findest du auch hier.

Du bist, was du bist, durch jeden Zu- und Umstand, durch jede Form. Wenn es sich als Person zeigt ist es deckungsgleich mit der Person, das was es ist. Wenn es sich individuell zeigt, dann das. Läuft es im Raum der Möglichkeiten, ist es das, was Raum und die Möglichkeiten ist. Es ist das, was Gewahrsein ist. Ist das weder Gewahrsein, Raum, noch die Erscheinung von Form – ist es das, was die Form-losigkeit, Selbst-losigkeit ist. In jedem Zustand bist du, was du bist. Das ist der natürliche Zustand. Du bist immer du.

Sommer und Winter wechseln, Erscheinungen oder Zustände wandeln sich, du nicht und du kommst nicht weg von dir.

„Logisch; wenn es Raum und Zeit nicht gibt, dass es dann auch kein Ich gibt."

Raum und Zeit ist das, was das sozusagen scheinbare Ich erst erscheinen lässt, und das ist was ICH-IST. Cool, das logisch zu verstehen. Dann kann man sich das einfach anschauen und sieht, was wirklich ist.

„Du sagst, Raum und Zeit ist das, was so-zusagen dieses scheinbare Ich erst erscheinen lässt. Ist das so? Vielleicht magst Du mehr dazu sagen?"

Ohne Raum und Zeit wurde Ich nie gesehen. Dennoch Bin ich in meiner Seins-losigkeit, die schon vor dem Eindruck von SEIN ist was sie ist, und DAS ist ununterbrochen, die Substanz von dem was Leben ist. Und DAS bist du. Mit Raum und Zeit erscheint DAS Ich, ungeteilt. Und erlebt sich scheinbar als getrennt oder ungeteilt und ist in allem, was es ist.

„Ich verstehe es so, dass das Denken die Zeit erschafft, weil Denken sich auf Vergangenheit und Zukunft bezieht. Offensichtlich entsteht Raum und Zeit dadurch, dass Subjekt und Objekt als getrennt wahrgenommen werden und so entsteht vielleicht illusorisch Distanz/Raum."

Ja, was du beschreibst ist eine Perspektive auf das Erscheinen von Leben. Nicht richtig, nicht falsch, es erscheint dir scheinbar so. Doch das Denken schafft letztlich nichts. Es ist der geglaubte Gedanke, das Geist-hafte, was den Phänomenen scheinbare Realität verleiht, und selbst schön Phänomen ist. Das erste ICH erscheint als Gewahr-SEIN, Energie und Bewusstseins-Raum und erscheint grundlos aus der Grundlosigkeit von SEIN. Ist mit sich in Bewegung. Gibt sich Gründe, die Bestätigung suchen, ergründet werden wollen, und verliert sich dann wieder in der Grundlosigkeit von dem, was Leben und SEIN ist.

„OK..."

„Vielleicht haben höhere Evolutionen oder andere Sternenvölker gar kein Ich-Bewusstsein, wie hier auf der Erde."

Kann sein. Die Sache ist nur, mit Ich-Bewusstsein und ohne Ich-Bewusstsein - beides ist ohne ein reales Ich. Es ist in jedem Fall DAS was Bewusstsein ist.

Da ist oftmals so die Idee, dass an diesen, was auch immer, scheinbaren feinstofflichen Welten, dass das näher dran wäre, weil sich das scheinbar leichter anfühlt oder das, was nicht hier ist, mit Hoffnungen voll gepackt ist, um dem, was ist, entgehen zu können. Doch, wir sind scheinbar hier in diesem konkreten Raum von Erleben. Mensch-Sein spielt sich, gerade hier. Das, was sich hier in dem Setting ausdrückt und worauf es hinweist, Du bist immer du. Das, was das Selbst ist, ist das, was du bist und das ist immer bei dir, das was du bist. Und wie die Reise vonstatten geht, keiner weiß, was das hier wirklich ist. Leben, Bewusstsein hat keine Richtung in dem Sinne von Linearität.

Bleibe einfach auf hoher See und lass die Segel gesetzt auf das was du bist. Das Leben kennt den Weg. Es lebt sich. Im Sehen und Sein liegt das, was Erfüllung ist.

Der natürliche Zustand, das zu Sein, was du ununterbrochen bist, was du schon warst vor dem Bewusstsein, vor dem Erscheinen des Universums und du hier mittendrin in der Lebendigkeit von Leben, Das was du bist.

Unterwerfung

Jede Geschichte läuft auf ihr Ende zu,
in diesem Moment.

Be quiet, das ist vollständig, so wie es ist.

Die Hingabe aus dem Herzen selbst
ist, die Liebe zu Sein, die Selbst-Liebe ist.

Im Grunde gibt es keine andere Chance,
alles muss sich hingeben, bis Unterwerfung
geschieht – dies ist in sich und zuletzt ein
nicht-willentliches Geschehen.

Alles muss sich der höchsten Wirklichkeit
unterwerfen. Weil es DAS Geworfene ist.

Es gibt nichts Zweites,
nur DAS Selbst ist.

Stille

Stille kommt zu Dir.

Du kannst sie nicht erfassen.

SIE erfasst dich,

indem sie sich in DIR-Selbst erfasst.

Lass dem was da ist, Raum zu Sein

und Sei mit dem was ist.

Gib das persönliche Selbstgespräch auf.

Lass es verklingen,

tue nichts, und sei still.

Selbstbefriedung entsteht aus der Nacktheit
deiner Natur, Dem was SelbstGewahrSein ist.

Die Einladung der Verwirklichung ist vor
und inmitten dessen, was Leben ist,
DAS zu Sein was-du-bist.

Das unmittelbare Erleben
ist das torlose Tor...

Die Kontemplation des SEINS über sich selbst
ist die Kontinuität, zu SEIN was-du-bist.

DAS hat kein Anfang und kein Ende. ENDE.

In dieser Unmittelbarkeit von Erleben ist

offensichtlich, du kannst dir nicht

entkommen, weil du bist was-du-bist.

DU BIST DAS,

Das ist immer in allem gegeben.

Im dir Selbst nicht entkommen können,

bleibt DAS, was Stille und Selbst-SEIN ist.

Kontemplation

Stille Kontemplation ist im Grunde die einzige und letzte Antwort auf die Gedanken und Emotionen, die uns zeitweise besuchen und die Welt, wie sie ist – deren Quelle wir letztlich selbst sind.

Die Praxis der Kontemplation bedeutet, im Selbst zu verweilen, mit dem Selbst zu verschmelzen und DAS zu Sein, was das Selbst ist. Kontemplatives Sein ist in seinem Wesen das Verweilen in der natürlichen Stille – direkte, ungeteilte Einsicht in die eigene, eine Wahre Natur selbst. Praxis bedeutet, Kontinuität in unserem Sein zu Erleben und ermöglicht uns das, was-da-ist, umfänglich zu erfassen. Was auf natürliche Weise einen Raum eröffnet, in Frieden, Wahrheit und liebender Stille zu leben.

Kontemplation ist nicht, sich in Stille der Langeweile, der Suche, dem Geschwätz und der Unruhe des Geistes hinzugeben. Es ist eine zutiefst revolutionäre Angelegenheit, wirklich mit sich Selbst zu Sein und sich erfassen zu lassen von DEM, was du bist, DEM, was Selbst ist.

In dem was ich bin gibt es keinen Abstand, und genau so erfasst es sich.

Kontemplation ist gelebte Praxis, natürliches Sein und die Disziplin, sein Leben in der Stille selbst zu leben. Aufrecht mit sich selbst, den eigenen inneren Raum zu wahren, vollständig mit sich zu Sein, von hier ordnet sich das Leben – dass gesehen und erlebt wird, dass das, was ist, in sich Selbst in Ordnung ist.

Die Verkörperung des Seins

Auf die Ausrichtung und Stabilisierung im eigenen SEIN folgt die Loslösung und das Hinter-sich-lassen von den individualisierten Kräften - dem Körper und Erfahrungs-Glauben, von Emotionalität und Gefühls-Ge-Schichten und die Gedanken-Sucht. Du greifst sie einfach nicht auf und sie zer-fallen in nichts.

Durch das Verweilen im Gewahr-Sein, im Nicht-aufgreifen, löst sich die Resonanz zu all dem, und es entsteht ein Nährboden für das verkörperte Sein und die Beständigkeit, die direkte Einsicht in DAS was du bist - die Ganzheit des universellen Seins offenbart sich als das Unmittelbare in dir.

Die Anziehung zur Individualität wird darin aufgelöst – das Individuelle Feuer erlischt. Das Erleben zu SEIN eröffnet neue Dimensionen von Freiheit. Und diese Freiheit ist einfach mit dem was ist und erhebt sich in die Tiefe des Unvermittelbaren, und verliert so die Anziehung zu den individualisierten Kräften und dem kollektiven Ich-Geist.

Du wirst zu deinem eigenen Brennpunkt, deiner Sonne die du bist. In dieser transzendenten Wärme zu SEIN – bist du Existenz, Bewusst-Sein, grundlose Stille die Freude ist. Doch ist es ein neutrales Sein, das aus sich heraus freudige Stille und Selbst-Gewahrsein in sich trägt. Selbst-Gewahrsein ist dem Individuum nicht vertraut, weil es ständig dem Gesetz der „Notwendigkeiten" folgt. Denn nur dort

existiert es. Es folgt dem Mangel, dem
Haben-wollen, dem Brauchen und gebraucht
werden, dem Überleben, der Suche nach dem
Nächsten und immer wieder ein Festhalten
an dem, was es meint zu kennen.

In positiver Losgelöstheit ist es ein
urteilsfreies Sehen und Sein von dem, was zu
Sehen ist. In dieser Art und Weise zu SEIN
ist es offensichtlich, dass alles
an seinem Platz ist.

Sich dem Fluss des Lebens vollkommen
anvertrauen, darin ist augenscheinlich, dass
DU Selbst unbewegt bist. Einfach DU zu
SEIN, das genügt sich selbst. Von Hier
lebt es sich.

Die Verkörperung des Seins kann in seiner
Umfänglichkeit nicht vermittelt werden. Doch
kann sie da, wo die Reife ist, verstanden und
erfasst werden. Die Verkörperung des SEINS,
steht über jedem begriffs-gestützten Konzept
von Gut und Böse, Richtig und Falsch ...
Die Verkörperung des SEINs ist in sich
vollkommen vollständig neutral, und doch
bringt sie einen endlosen natürlichen Frieden,
stille Ekstase und eine endlose Liebe mit
sich.

Folgst du deinem eigenen SEIN, beständig
mit dem was ist und den stillen Qualitäten
darinnen, und bist bereit, zu sehen, was zu
sehen ist, nur zu Sehen und zu Sein, löst
sich die individuelle Struktur darin auf
und es stellen sich ganz neue, universelle
Gesetzmäßigkeiten, als lebendige innere
Wege dar. Diese können vom Ich-Geist nicht
erfasst werden. Diese Wege können nicht im
Außen aufgezeigt werden und erklärt
werden, doch sie sind in der direkten Schau
des Unmittelbaren, für sich selbst offenbar.

Den weglosen Weg zu beschreiten, heißt die
Entdeckung der eigenen Wahren Natur, durch
die Schwingung des eigenen lebendiges SEINS
an-zu-erkennen
indem DU DAS ungeteilt bist,...

...das ist ein beständiges sich Einlassen auf
das Sein im eigenen Inneren, wo DU eins
mit dem Sein bist. DIES führt durch alles
über alles hinaus.

Gate Gate Paragate

Parasamgate Bodhi Svaha

Die Vollkommenheit dessen, was-du-bist

Die Vollkommenheit von DEM was erscheint
und die Perfektion deiner Wahren Natur ist
immer gegeben. Dies ist natürlich.
Und nur so kann es erfasst werden.

DEM was du bist vertrau dich an.

Sei einfach, lass das Leben
in seiner Lebendigkeit
von Moment zu Moment
geschehen.

Hier eröffnet sich das,
wo nichts anderes
als STILLE, Leben selbst,
ungeteiltes Sehen und Sein ist.

DAS eigene Buch öffnen

Öffne dein eigenes Buch und schaue nach
dem, der schaut, und nicht zu schauen hat.
Lese DAS, was liest, und kein Wort findet.

Höre den, der hört und nichts zu Ohren
bekommt und Stille ist.

Gehe mit dem,
der unbewegt nirgendwo hingeht.

Sei du Selbst, Parabrahman.

Du bist die Absolutheit dessen was Leben ist.

Hier mitten drin erfasst es sich. Im Spüren
von dem, was spürt, im Lauschen von dem,
was lauscht, im Sehen dessen, was sieht...
erfasst sich DAS, was Selbst-Gewahrsein ist.
Du bist DAS, was Sein ist. DEM vertrau dich
an...

Du bist reine Existenz, BewusstSein,
DAS was Freude ist.

Vor und Inmitten dessen was ist,
DU bist immer DU.

Und das, was im Prozess ist, wird immer
im Prozess sein. Und DAS, was du bist, ist
nicht betroffen von der Prozesshaftigkeit –
lass dich treffen in der Berührung des
Un(ver)mittelbaren. Darin bleibt nichts-
anderes als das zu Sein was-du-bist.

Sei was du bist und lebe, in der
Deckungsgleichheit mit dem was ist.
Das ist die Alchemie des Seins, die in
jeder Faser von Existenz das ist,
was Freiheit und Essenz ist.

Du bist immer Du

Deine Wahre Natur ist namenlose Identität,
unsichtbare, unvermittelbare Anwesenheit.
Unsichtbar, denn du bist DAS, was
Wahrnehmung und Sein ungeteilt
wahrnimmt, DAS, was Wahrnehmung
und Sein ermöglicht. Du bist DAS,
was Wirklichkeit und SEIN ist.

Die Natur des Seins kann nicht gedacht
werden. Das zu Sein, was du bist, ist kein
Worte- oder Buch-Wissen. Der Verstand
in seinen endlosen Facetten kann das Sein
niemals umfänglich erfassen.

Indem der Verstand zurück-gelassen wird
und die Bereitschaft da ist, frei von den
Bedeutungen der Worte DU-Selbst zu sein,
verschwinden der Verstand und die geglaubte
Identität Ich in diesem Prozess,
der keiner ist.

Es gibt eine simple Tatsache, die Freiheit
ist und Freiheit offensichtlich macht.
Du bist immer du.

Nur von hier aus kann sich absolute
Wirklichkeit realisieren. Und es ist
DAS was du bist.

Ronny

Bei Interesse,
schau auf der Webseite:

www.ronnyhiess.de

Dort finden sich weitere Inspiration und Infos, Termine für Satsang und Workshops, die Möglichkeit, Einzel-Sessions zu buchen. Und Informationen zu weiteren Büchern.

Schau einfach...
Du bist willkommen,
so wie-du-bist.